LA
CHANSON FRANÇAISE

LA CHANSON FRANÇAISE

DU XVᵉ AU XXᵉ SIÈCLE

AVEC UN APPENDICE MUSICAL

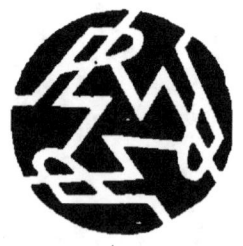

LA RENAISSANCE DU LIVRE

JEAN GILLEQUIN & Cie, Éditeurs

— 7, Place Saint-Michel. — PARIS —

PRÉFACE

On pourra s'étonner au premier abord de trouver un volume de chansons dans cette collection des *Chefs-d'œuvre de la littérature française* (1). La chanson est-elle bien un genre littéraire ? Est-elle encore chanson quand elle n'est plus chantée ? Sans doute elle n'existe vraiment, elle ne prend toute sa valeur que par l'union intime de la musique et des paroles, et peut-être ne devrait-on jamais isoler ces paroles de l'air qui les complète et les soutient. Pourtant il est aisé de justifier la présence d'un recueil de chansons sans musique dans une collection de chefs-d'œuvre littéraires.

Parmi ces petits poèmes, il en est dont la forme est si parfaite et l'expression si heureuse que le lecteur les goûtera comme des œuvres de pure poésie. Mais ils ne devaient pas être confondus avec l'ensemble des autres productions poétiques ; car nous savons qu'ils ont été chantés, qu'ils étaient destinés à l'être, et ils en ont gardé des qualités d'élégance, de légèreté ou d'esprit qui les rangent malgré tout dans un genre à part.

D'ailleurs, ce n'est pas uniquement la perfection de la

(1) Ce volume est extrait de la collection *Tous les chefs-d'œuvre de la littérature française,* en cent volumes de luxe, édités par *la Renaissance du Livre.*

forme qui, dans une œuvre littéraire, nous attire et nous retient ; c'est aussi le sentiment qu'elle exprime, l'état de civilisation qu'elle évoque, la qualité d'âme qui s'y laisse entrevoir. La vie tout entière d'une race se reflète dans sa littérature, et en regardant la liste des auteurs publiés par *la Renaissance du Livre,* on voit clairement que c'est cette pensée qui a inspiré le choix si judicieux de Jean Gillequin.

De ce point de vue, la publication de ce volume de chansons n'a plus à se justifier, elle s'impose. De toutes les formes d'art, la chanson est peut-être celle qui est le plus intimement mêlée à la vie. Toute imprégnée de réalité, elle est merveilleusement apte à nous conserver l'image fraîche des mœurs d'autrefois et à nous révéler les traits durables de notre caractère national. En elle transparaît le visage du passé. Dans la chanson française c'est toute l'âme de la France qui revit, tour à tour légère et profonde, tendrement ou frivolement amoureuse, dévote et sans respect, spirituelle jusqu'au scepticisme, passionnée jusqu'au fanatisme, passant de la gaillarde insouciance d'un air à boire à la frénésie des chants révolutionnaires.

Aussi a-t-on fait dans ce recueil une place assez importante à la chanson populaire : si elle n'a que des rapports assez lointains avec la littérature proprement dite, elle est, plus que tous les genres littéraires, capable d'évoquer ces caractères de la race, ces états d'âme collectifs que nous aimons à retrouver dans la chanson. Car elle est œuvre collective, anonyme, l'œuvre d'un peuple tout entier. On ne sait comment elle est née, comment elle a grandi. Un homme que la vie froisse ou caresse a chanté sa peine ou son bonheur ; ce chant si simple, rudimentaire, souvent puéril, passe de bouche en bouche, il s'enrichit des

PRÉFACE

images familières au terroir, se module selon l'accent de la race, se plie à ses rythmes consacrés ; il se transmet de village en village et de siècle en siècle, ne se transformant que pour mieux s'adapter. C'est par cette collaboration séculaire que le peuple, grand artiste inconscient, a créé la chanson, qui n'est l'œuvre de personne parce qu'elle est l'œuvre de tous. Et c'est parfois un chef-d'œuvre, où l'expression spontanée du sentiment peut atteindre du premier coup à la pure beauté littéraire. Montaigne le sentait bien quand il écrivait : « La poésie populaire et purement naturelle a des naïvetés et grâces, par où elle se compare à la principale beauté de la poésie parfaite selon l'art : comme il se voit ès villanelles de Gascogne et aux chansons qu'on nous rapporte des nations qui n'ont connaissance d'aucune science, ni même d'écriture. »

Telles sont les pensées qui ont guidé notre choix dans ce recueil *des meilleures chansons françaises*. Par les *meilleures*, nous avons entendu non seulement les plus parfaites de forme, mais aussi les plus caractéristiques, les plus représentatives de l'âme française aux différents moments de son histoire. Toutes les fois que nous avons reconnu à une chanson un réel mérite littéraire, nous avons tâché qu'elle pût avoir place dans ce livre. Mais il est bien rare que nous ayons rejeté une pièce de forme médiocre ou même vulgaire, si elle nous paraissait vraiment suggestive par sa signification psychologique ou historique. Il va sans dire que nous nous sommes résignés aisément à restreindre beaucoup la part de la gauloiserie. On aurait pu s'inspirer d'autres principes et faire un choix différent ; nous tenions seulement à dire que le nôtre n'a pas été fait au hasard. Si l'on trouve qu'il aurait pu être meilleur, on voudra bien songer que c'est la première fois qu'un recueil de cette sorte figure dans une collection littéraire. Cette innovation fait honneur à *la Renaissance du Livre*.

Nous n'avons nullement la prétention d'avoir fait œuvre d'érudits. Les textes ont été naturellement pris aux meilleures sources et transcrits avec soin. Mais nous n'avons pas voulu surcharger encore des pages déjà si denses par des indications bibliographiques ou critiques aussi détaillées qu'on pourrait l'exiger dans un livre de science ; nous nous sommes décidés à rajeunir l'orthographe ancienne, afin de rendre la lecture plus facile. Notre principal but a été de composer une anthologie suggestive et agréable. Bien que nous ayons dû souvent recourir aux textes originaux, nous nous faisons un devoir de dire ici tout ce que ce petit livre doit aux précieux recueils des historiens de la chanson, des Gaston Paris (1), des Weckerlin (2), des Tiersot (3), des Le Roux de Lincy (4) et du grand folkloriste qui vient de disparaître, Eugène Rolland (5).

Enfin, pour que la musique ne fût pas complètement oubliée, *la Renaissance du Livre* n'a pas hésité à orner ce volume d'un supplément musical dont bien des lecteurs lui sauront gré. Car si on a dû le faire court, les quelques airs qu'il renferme ont été choisis de façon à donner en raccourci une image assez exacte de notre musique de chanson.

(1) *Chansons du XVe siècle*, Paris, 1875.
(2) *Échos du temps passé*, Paris, s. d.; *Chansons populaires du pays de France*, Paris, 1903.
(3) *Mélodies populaires des provinces de France*, Paris, 1895; *Chants de la vieille France*, Paris, 1904.
(4) *Recueil de chants historiques français*, Paris, 1841.
(5) *Recueil de chansons populaires*, Paris, 1883-1887.

XVe SIÈCLE

Ce n'est pas arbitrairement qu'on a décidé de prendre dans le XVe siècle les premières chansons de ce recueil. La période antérieure est encore peu accessible au grand public et aurait sans doute exigé autant d'éclaircissements que de textes. Mais surtout le XVe siècle marque une date importante dans l'histoire de la chanson ; c'est le point de départ de tout un développement. « C'est en effet cette époque qui, non seulement en France, mais dans plusieurs pays de l'Europe, a vu la plus riche éclosion de la poésie populaire. Cette poésie se distingue nettement de celle de l'époque précédente, autant que nos ressources, très limitées, nous permettent d'apprécier celle-ci. Au contraire elle est restée la base et le modèle de la poésie populaire qui a suivi et de celle qui se produit encore. Par une réaction remarquable, elle s'est dégagée à l'époque où la littérature proprement dite est le plus éloignée de la nature, de la simplicité et du sentiment vrai. » Ainsi parle Gaston Paris dans la préface du recueil auquel sont empruntées toutes nos chansons du XVe siècle qui sont citées sans référence.

Toutefois ces chansons se rattachent forcément à la tradition poétique antérieure, qu'elles rappellent çà et là par le sujet ou par l'expression. Et si elles sont généralement d'inspiration populaire, on ne saurait nier, en examinant la forme de plusieurs d'entre elles, que certaines ne soient l'œuvre de poètes habiles et délicats, dont le nom n'est pas parvenu jusqu'à nous. Chansons d'amour, rondes, pastourelles, chansons satiriques ou historiques, elles présentent par leur variété une fidèle image du XVe siècle, et, à coup sûr, la chanson des époques suivantes contiendra bien rarement autant de véritable poésie.

L'AMOUR DE MOI S'Y EST ENCLOSE [1]

L'amour de moi s'y est enclose
Dedans un joli jardinet
Où croît la rose et le muguet
Et aussi fait la passerose.

Ce jardin est bel et plaisant ;
Il est garni de toutes flours ;
On y prend son ébattement
Autant la nuit comme le jour.

Hélas ! il n'est si douce chose
Que de ce doux rossignolet
Qui chante au soir, au matinet :
Quand il est las il se repose.

Je la vis l'autre jour cueillir
La violette en un vert pré,
La plus belle qu'onques je vis
Et la plus plaisante à mon gré.

Je la regardai une pose :
Elle était blanche comme lait
Et douce comme un agnelet,
Vermeillette comme une rose.

[1] Voir la musique au supplément.

JE M'Y LEVAI PAR UN MATIN

Je m'y levai par un matin
  La fraîche matinée,
Et m'en entrai en un jardin
  Pour cueillir giroflée.

Et m'en entrai en un jardin
  Pour cueillir giroflée,
Et je trouvai le mien ami
  Qui dormait sur le pré ;

Et je trouvai le mien ami
  Qui dormait sur le pré ;
Et je lui fis un oreiller
  D'amours et de pensée ;

Et je lui fis un oreiller
  D'amours et de pensée,
Et il me prit à demander
  Si j'étais mariée.

Et il me prit à demander
  Si j'étais mariée :
« Nenny, beau sire, en bonne foi,
  Amours m'en ont gardée :

« Nenny, beau sire, en bonne foi,
  Amours m'en ont gardée :
Il vaut bien mieux avoir ami
  Qu'être mal mariée.

« Il vaut bien mieux avoir ami
  Qu'être mal mariée ;
Car on change bien son ami
  Pour une courroucée (1) ;

(1) Fâcherie.

« Car on change bien son ami
    Pour une courroucée ;
Mais on ne peut changer mari
    Jusqu'à la mort finée.

« Mais on ne peut changer mari
    Jusqu'à la mort finée ;
Et encore quand il est mort,
    On n'est pas acquittée ;

« Et encore quand il est mort,
    On n'est pas acquittée ;
Car il en faut porter le deuil
    Tout du long de l'année ;

« Car il en faut porter le deuil
    Tout du long de l'année,
Le chaperon tout rabattu,
    La robe défourrée ;

« Le chaperon tout rabattu,
    La robe défourrée. »
Nous en irons jouer au bois
    Sous la belle ramée ;

Nous en irons jouer au bois
    Sous la belle ramée,
Et chanterons un chant piteux
    Pour les maumariées.

TANT L'AI CHERCHÉE

Tant l'ai cherchée que l'ai trouvée
Dessous un aubépin fleuri,
Et je la pris par sa main blanche ;
Elle m'a dit : « Mon bel ami. »

Et je la pris par sa main blanche ;
Elle m'a dit : « Mon bel ami,
Viendrez-vous point à la journée
Que l'on me doit donner mari ?

« Viendrez-vous point à la journée
Que l'on me doit donner mari ?
Il n'est pas beau, mais il est riche,
Et si n'est pas à mon plaisir.

Il n'est pas beau, mais il est riche,
Et si n'est pas à mon plaisir ;
J'aimerais mieux celui que j'aime,
N'eût-il vaillant qu'un parisis.

J'aimerais mieux celui que j'aime,
N'eût-il vaillant qu'un parisis.
Rossignolet, du bois ramage,
Conseille-moi et je t'en prie.

Rossignolet, du bois ramage,
Conseille-moi et je t'en prie. »
« Ne te conseille ni déconseille :
Prends le conseil de tes amis.

Ne te conseille ni déconseille :
Prends le conseil de tes amis :
Si tu le prends et qu'il soit riche,
Il le te conviendra servir ;

Si tu le prends et qu'il soit riche,
Il le te conviendra servir,
Et te dira : Méchante femme,
Tu n'avais rien quand je te pris ;

Et te dira : Méchante femme,
Tu n'avais rien quand je te pris.
Si tu prends celui que tu aimes,
Tu en jouiras à ton plaisir ;

Si tu prends celui que tu aimes,
Tu en jouiras à ton plaisir,
Et te dira : M'amie et dame.
Il n'est que vivre à son désir.

Et te dira : M'amie et dame,
Il n'est que vivre à son désir :
On voit le riche devenir pauvre,
Le pauvre riche devenir. »

GENTILS GALANTS DE FRANCE

« Gentils galants de France
Qui en la guerre allez,
Je vous prie qu'il vous plaise
Mon ami saluer. »

« Comment le saluerais
Quand point ne le connais ? »
« Il est bon à connaître :
Il est de blanc armé ;

« Il porte la croix blanche,
Les éperons dorés,
Et au bout de sa lance
Un fer d'argent doré. »

« Ne pleurez plus, la belle,
Car il est trépassé ;
Il est mort en Bretagne,
Les Bretons l'ont tué.

« J'ai vu faire sa fosse
L'orée d'un vert pré,
Et vu chanter sa messe
A quatre cordeliers. »

GENTIL DUC DE LORRAINE

Gentil duc de Lorraine, → prince de grand renom,
Tu as la renommée jusques delà les monts,
Et toi et tes gens d'armes et tous tes compagnons.
Du premier coup qu'il frappe abatit les donjons ;
Tirez, tirez, bombardes, serpentines, canons.
« Nous sommes gentilshommes : prenez-nous à rançon. »
« Vous mentez par la gorge, vous n'êtes que larrons,
Et violeurs de femmes, et brûleurs de maisons :
Vous en aurez la corde par-dessous le menton,
Et entendrez matines au chant des oisillons,
Et entendrez la messe que les corbeaux diront. »

RÉVEILLEZ-VOUS, PICARDS ET BOURGUIGNONS

Réveillez-vous, Picards, → Picards et Bourguignons,
Et trouvez la manière d'avoir de bons bâtons,
Car voici le printemps et aussi la saison
Pour aller à la guerre donner des horions.

Tel parle de la guerre qui ne sait pas que c'est ;
Je vous jure mon âme, que c'est un piteux fait,
Et que maint homme d'armes et gentil compagnon
Y ont perdu la vie et robe et chaperon.

Où est ce duc d'Autriche ? Il est aux Pays-Bas ;
Il est en basse Flandre avecque ses Picards,
Qui nuit et jour le prient qu'il les veuille mener
En la haute Bourgogne pour la lui conquêter.

Adieu, adieu, Salins, Salins et Besançon,
Et la ville de Beaune là où les bons vins sont ;
Les Picards les ont bus, les Flamands les paieront
Quatre patards (1) la pinte, ou bien battus seront.

(1) Petite monnaie de cuivre.

VRAI DIEU, QUI M'Y CONFORTERA

Vrai Dieu, qui m'y confortera
Quand ce faux jaloux me tiendra
En sa chambre seule enfermée ?

Mon père m'a donné un vieillard
Qui tout le jour crie : « Hélas ! »
Et dort au long de la nuitée.

Il me faut un vert gallant
Qui fût de l'âge de trente ans
Et qui dormît la matinée.

Rossignolet du bois plaisant,
Pourquoi me vas ainsi chantant,
Puisqu'au vieillard suis mariée ?

Ami, tu sois le bienvenu :
Longtemps a que t'ai attendu
Au joli bois sous la ramée.

LAISSEZ JOUER JEUNES GENS

Laissez jouer jeunes gens.

Jeunes gens doivent jouer,
Nul ne les en doit reprendre,
Rire, chanter et danser,
Et faire tout ce qu'ils pensent.
Quand un homme a soixante ans
Et jeune femme le prend,
Elle est folle et s'en repent.
Laissez jouer jeunes gens.

Nous prierons au doux Jésus
Qu'il leur donne male chance,
A ces vieillards tout chenus
Qui parlent de nos enfances :
Plus en disent qu'il n'y a ;
Mais Dieu les en punira
Au grand jour du jugement.

Laissez jouer jeunes gens.

MON MARI M'A DIFFAMÉE

Mon mari m'a diffamée
Pour l'amour de mon ami,
De la longue demeurée
Que j'ai faite avecque lui.
    Hé ! mon ami
En dépit de mon mari
Qui me va toujours battant,
Je ferai pis que devant.

Aucunes gens m'ont blâmée,
Disant que j'ai fait ami :
La chose très fort m'agrée,
Mon très gracieux souci.
    Hé ! mon ami,
En dépit de mon mari
Qui ne vaut pas un grand blanc (1),
Je ferai pis que devant.

Quand je suis la nuit couchée
Entre les bras de mon ami,
Je deviens presque pâmée
Du plaisir que prends en lui.
    Hé ! mon ami,
Plût à Dieu que mon mari
Je ne visse de trente ans !
Nous nous donrions du bon temps.

Si je pers ma renommée
Pour l'amour de mon ami,
Point n'en dois être blâmée,
Car il est coincte et joli.
    Hé ! mon ami,
Je n'ai bon jour ni demi
Avec ce mari méchant.
Je ferai pis que devant.

(1) Monnaie d'argent.

QUE FAIRE SI AMOUR ME LAISSE

Que faire s' amour me laisse ?
Nuit et jour ne puis dormir.

Quand je suis la nuit couchée,
Me souvient de mon ami.

Je m'y levai toute nue
Et pris ma robe de gris (1) ;

Passé par la fausse porte,
M'en entrai en nos jardins ;

J'ouis chanter l'alouette
Et le rossignol jolis,

Qui disait en son langage :
« Voici mes amours venir,

« En un beau bateau sur Seine
Qui est couvert de sapin ;

« Les cordons en sont de soie ;
La voile en est de satin ;

« Le grand mât en est d'ivoire,
L'estournai (2) en est d'or fin ;

« Les mariniers qui le mènent
Ne sont pas de ce pays :

« L'un est fils du roi de France,
Il porte la fleur de lis ;

« L'autre est fils........
Celui-là est mon ami. »

---

(1) Fourrure.
(2) Le gouvernail.

CHACUN MAUDIT CES JALLEUX

Chacun maudit ces jalleux,
Mais je ne les maudis mie :
Il n'est pas vrai amoureux
Qui n'est jalleux de sa mie.

L'autre jour jouer m'alloie
Tout autour d'un vert buisson ;
Trouvai m'amie par voie
Parlant à un compagnon.

Mais je ne sais qu'il lui dit :
Le jeu ne me plaisait mie,
Dont j'eus cœur triste et marry
Et entrai en jalousie.

Me tirai un peu arrière
Pour mieux viser leur façon
Et regarder la manière
De m'amie et du mignon.

Tout leur conseil j'entendis,
Tantôt fut leur départie ;
J'eus le cœur tout réjoui
Et fut hors de jalousie.

En passant parmi la rue,
M'en entrai en sa maison :
De joie fut toute émue
Et me conta sa raison,

M'appelant son mieux aimé,
Disant : « Je suis votre amie ;
Autre que vous ja n'aimai
Ni ne ferai en ma vie. »

Quand vis la bonté (1) ma dame
Et toute s' opinion,
J'eus à l'heure, sur mon âme,
Le cœur plus fier qu'un lion :

Afin qu'en fût mention
Je me mis là à écrire
Tout par moi cette chanson
Sous une épine fleurie.

CHANSON SUR JEANNE D'ARC

A la douce prière
Dont le roi Dieu pria
Nous vint jeune bergère,
Qui pour nous guerroya ;
Par divine conduite
Anglais tant fort greva
Que tous les mit en fuite,
Et le siège leva.

Chantons donc tous ensemble,
Et nous réjouissons ;
C'est du mieux, ce me semble,
Que faire nous puissions.
Bien nous devons louer Dieu,
Qui nos grands ennemis
A chassé de ce lieu
Et hors de France mis.

(Citée par Le Maire, *Histoire et antiquités de la ville et du duché d'Orléans*, 1645.)

---

(1) *De* ma dame.

CHANTONS, JE VOUS EN PRIE

Chantons, je vous en prie,
Par exaltation,
En l'honneur de Marie,
Pleine de grand renom !
Pour tout l'humain lignage
Jeter hors de péril,
Fut transmis un message
A la Vierge de prix.

Marie fut renommée
Par destination,
De royale lignée
Et génération ;
Or, nous dites Marie,
Quel fut le messager
Qui porta la nouvelle
Pour le monde sauver ?

Ce fut Gabriel, l'ange,
Que, sans dilation,
Dieu envoya sur terre
Par grand' compassion,
En une pauvre étable
Ouverte à l'environ,
Où n'avait feu ni flamme
Ni latte ni chevron.

Nous vous prions, Marie,
De cœur très humblement,
Que vous soyez amie
Auprès de votre enfant ;
Afin qu'aux jours funestes
Que tous jugés serons,
Puissions être à la dextre
Là sus avec les bons.

(Noël de Lucas Le Moigne, publié par WECKERLIN.)

DIEU GARD' CELLE DE DÉSHONNEUR...

Dieu gard' celle de déshonneur
    Que j'ai longtemps aimée !
Avec elle par grand' douceur
    Ma jeunesse ai passée.
Or vois-je bien que c'est folleur (1)
    D'y avoir ma pensée,
Puisqu'elle m'a dit par rigueur :
    « Notre amour est finée. »

A pourpenser je me suis mis
Quel déplaisir lui avais fait :
Jour de ma vie ne lui mesfis,
Ni ne le voudrais avoir fait.
Pour bien faire souvent mal sourd,
    C'est vérité prouvée :
Dieu soit loué du temps qui court !
    J'aurai mieux l'autre année.

(1) Folie.

FLEUR DE GAITÉ, DONNEZ-MOI JOIE

Fleur de gaité, donnez-moi joie,
Et me donnez allègement :
Vous savez bien que longuement
Plus vivre ainsi je ne pourroie.

Je ne saurais plus vivre ainsi,
Ma douce sœur, bien le savez :
Si vous avez un autre ami,
Je vous prie, point ne le cellez.

Mon cœur prendrait une autre voie ;
Si n'en fut-il onc en allant
Puis l'heure que premièrement
Vous m'accordâtes d'être moie (1).

Vous souvient-il point de la nuit
Que vous deviez à moi venir ?
Je ne couché onques en lit,
Ni n'eus volonté de dormir.

Dieu sait en quel état j'étoie !
J'avais de la joie tellement,
Jamais je n'en aurai autant
De chose qu'avenir me doie.

(1) Mienne.

HÉLAS ! QUE JE SUIS DÉSOLÉE

Hélas ! que je suis désolée,
Pleine de deuil et de souci,
Sur ma foi plus que je ne dis,
De mon ami qui m'a laissée !

Il m'a laissée seule, égarée,
Et n'ai reconfort de nulli :
Je crois que je mourrai d'ennui
Si de bref ne suis consolée.

Hélas ! pourquoi m'a-t-il laissée ?
Je ne lui ai ni fait ni dit ;
J'avais mis mon cœur en lui,
Mais je vois bien qu'il m'a trompée !

Hé, Dieu ! quel piteuse journée
Quand de moi il fut départi !
J'en eus le cœur triste et marri :
J'eusse voulu être enterrée.

O très douce Vierge honorée,
Veuillez en pitié regarder
Et la veuillez réconforter
Celle qui tant est désolée.

HÉLAS ! QU'ELLE EST A MON GRÉ

Hélas ! qu'elle est à mon gré,
　Celle que n'ose nommer !
Hélas ! qu'elle est à mon gré,
　Celle que n'ose dire !

L'autre jour jouer m'allay
　En marchant (1) la verdure ;
Trouvai la belle en un pré,
　Sur l'herbe qui point (2) dure.

D'amours faisait un chapelet (3) :
Vrai Dieu ! qu'il était bien fait !
Par amour lui demandai
　Et elle me l'octroie.

(1) Foulant aux pieds.
(2) Qui pousse droite.
(3) Couronne.

IL FAIT BON FERMER SON HUIS

Il fait bon fermer son huis
Quand la nuit est venue

L'autrier m'allais esbaloyer (1)
Par devant l'huis de mon voisin,
Mais il n'était pas à l'hôtel :
Il était allé au moulin ;
Il a laissé son huis ouvert,
Sa femme toute nue.
Il fait bon...

Lors je me pris à dépoiller (2) ;
Avecques elle me couchis ;
Elle me baisait et m'acollait,
Cuidant que ce fût son mari
Qui fût jà venu du moulin,
Sa farine moulue.
Il fait bon...

Quand je me fus bien ébattu
Deux ou trois heures de la nuit,
Je lui dis en deux mots sans plus :
« Belle, recouvrez votre lit. »
Elle s'écria si haut cri :
« Je suis femme perdue... »

« Je vous requiers, mon bel ami,
Qu'il ne soit mot sonné du fait.
— Je vous promets la foi de mi
Qu'ici conte n'en sera fait,
Mais ailleurs oui bien si je puis,
Là où n'êtes connue. »
Il fait bon...

(1) Divertir.
(2) Dévêtir.

JE ME REPENS DE VOUS AVOIR AIMÉE

Je me repens de vous avoir aimée,
Puisque autrement n'avez voulu mon bien,
Et que jamais ne voulûtes en rien
Chose qui soit au gré de ma pensée.

Je vous tenais sur toute femme née
La plus parfaite, mais je vois maintenant
Qu'il vous faudra nommer totalement
La sans merci : c'est male renommée.

Hé Dieu ! hélas ! que fera ma pensée
Ce temps d'été, ce mois de mai qui vient ?
Réconfortez ce pauvre languissant,
Las ! qui ne sait où est sa mieux aimée.

Vrai dieu d'amour, qui savez ma pensée,
Je vous supplie et requiers humblement
Que devant vous soit fait le jugement
D'elle et de moi qui a sa foi faussée.

Et si j'ai tort, sentence soit donnée
Encontre moi le plus cruellement,
Et condamné sois perpétuellement
En une tour obscure et bien fermée.

Hélas ! madame, tant vous ai désirée
Non point en mal mais toujours en tout bien !
J'ai trop aimé ce qui n'était pas mien :
Plus sagement me tiendrai l'autre année.

C'est grand' folie à créature née
Mettre son cœur en ce qui n'est pas sien :
L'un jour s'en va et puis l'autre revient ;
Amours s'en vont comme fait la rosée.

JE ME SUIS AVENTURÉ

Je me suis aventuré,
En nos jardins suis entré
Pour cueillir rose ou bouton
En cette nouvelle saison :
Hélas ! comment passerai donc
Ce mois de mai qui est si long ?

En nos jardins suis entré ;
Trois fleurs d'amour y trouvai,
Une en pris, deux en laissai
En cette nouvelle saison :
Hélas ! comment passerai donc
Ce mois de mai qui est si long ?

Un chapelet fait en ai ;
De trois rangs le commençai
Et à quatre l'achevai
En cette nouvelle saison :
Hélas ! comment passerai donc
Ce mois de mai qui est si long ?

A trois rangs le commençai
Et à quatre l'achevai ;
A m'amie le donnerai
En cette nouvelle saison :
Hélas ! comment passerai donc
Ce mois de mai qui est si long ?

A m'amie le donnerai,
Et sais bien que j'en aurai
Un bon baiser quand voudrai
En cette nouvelle saison :
Hélas ! comment passerai donc
Ce mois de mai qui est si long ?

JE VOUS VEUX DIRE MA PENSÉE

« Je vous veux dire ma pensée
Et vous compter du tout (1) mon cas ;
Et Dieu ! que deviendrai, hélas !
Si mon parler ne vous agrée ?

Plaisante fleur que tant désire,
Pour vous je souffre tel martyre
Que je ne dors ni jour ni soir. »
« Je vous supplie et prie, beau sire,
Qu'il vous plaise donc à moi dire
Une part de votre vouloir. »

« La douleur que j'ai endurée,
Je la vous dirai, mais tout bas ;
Pour Dieu, ne m'éconduisez pas,
Ou jamais mon cœur n'aura joie. »

« Doux ami, je ne te crois mie
Que tu aies de moi telle envie
Comme tu dis certainement. »
« Ma douce sœur, je vous affie
Que oncques femme qui eut vie
Je n'aimai si parfaitement. »

« Puisque tu m'as ainsi aimée,
Fais de moi ce que tu voudras ;
Mais je te prie, quand tu viendras,
Viens de nuit, que nul ne te voie. »

(1) Entièrement.

MAUDITS SOIENT TOUS CES ENVIEUX

Maudits soient tous ces envieux
Qui m'ont voulu charge donner
Par leur faux et mauvais parler,
Disant que j'étais amoureux.

Par mon serment, si je l'étais
J'en penserais trop mieux valoir,
Et volontiers y apprendrais :
C'est belle chose que savoir.

Car à tout bien considérer,
C'est le plaisir dessus les cieux
Lequel est le plus à priser
Et qui rend le cœur plus joyeux.

Ils ont dit que j'ai belle amie,
Mais que ne la veux pas nommer :
Ce serait à moi grand' folie
De dire ce que dois celer.

Je suis celui qui en tous lieux
L'honneur des dames veux garder
Et à le servir m'employer,
Malgré les faux vilains jalleux.

IL FAIT BON VOIR
CES HOMMES D'ARMES

Il fait bon voir ces hommes d'armes
Quand ils sont montés et bardés ;
Il fait beau voir luire ces armes
Dessous les étendards dorés,
Et archers de l'autre côté
Pour ruer jus Lombards par terre.
Entre nous, gentils compagnons,
    Suivons la guerre.

Ruez, faucons, ruez, bombardes,
Serpentines et gros canons ;
Et montés sur chevaux et bardes,
Sonnez, trompettes et clairons ;
Afin que bon butin gagnons,
Et que puissions bon bruit acquerre.
Entre nous, gentils compagnons,
    Suivons la guerre.

ON A DIT MAL DE MON AMI

On a dit mal de mon ami,
Dont j'ai eu le cœur bien marri ;
Qu'ont-ils affaire quel il soit,
Ou qu'il soit beau ou il soit laid,
Quand je lui plais et qu'il me plait.

Un médisant ne veut onc bien :
Quand le cas ne lui touche en rien,
    Pourquoi va-t-il médire ?
    Il fait vivre en martyre
Ceux qui ne lui demandent rien.

Quand j'ai tout bien considéré,
Femme n'est de quoi n'est parlé :
    Voilà ce qui m'avance
    De prendre ma plaisance ;
Aussi dit-on bien que je l'ai.

Plût or à Dieu qu'il fût ici,
Celui que j'ai pris et choisi,
Puisqu'on en a voulu parler !
Et dussent-ils tous enrager,
Je coucherais avecque lui !

SOUVENT M'ÉBATS
ET MON CŒUR EST MARRI

Souvent m'esbats, → et mon cœur est marri :
Je vis en deuil et en grand' déplaisance,
Toutes les fois qu'il me vient souvenance
De la belle qui vers moi a failli.

Elle m'avait promis et baillé foi
Qu'elle m'aimait par sus tous loyaument :
Mais avec elle un autre je trouvoi
Qui son plaisir faisait secrètement.

Jamais nul jour plus traitresse ne vis,
Car de m'aimer elle montrait semblance,
Et s'y disait qu'el n'avait désirance
D'aimer autre ; mais elle a bien failli.

Pas n'eusse cru, certes n'en doutez mie,
Qu'elle eût voulu pour rien me décevoir :
Celui est bien épris de grand' folie
Qui cuide (1) femme tout seul pour lui avoir.

De leur amour et d'elles je dis fi,
Car tout leur fait ce n'est que décevance ;
Il est bien fou qui en femme a fiance :
Car à bien peu els sont toutes ainsi.

(1) Croit.

TROP PENSER ME FONT AMOURS

Trop penser me font amours, → dormir ne puis
Si je ne vois mes amours toutes les nuits.

« Comment parlerais-je à vous fin franc cœur doux ?
Vous y parlerez assez, mon ami doux :
Vous viendrez à la fenêtre à la minuit ;
Quand mon père dormira j'ouvrirai l'huis. »

Trop penser, etc.

Le gallant n'oublia pas ce qu'on lui dit,
De venir à la fenêtre à la minuit ;
La fille ne dormait pas, tantôt l'ouït :
Toute nue en sa chemise et lui ouvrit.

Trop penser, etc.

« Mon ami, la nuit s'en va et le jour vient :
Départir de nos amours il nous convient ;
Baisons-nous, accolons-nous, mon ami gent,
Comme font vrais amoureux secrètement. »

Trop penser, etc.

VOICI LA DOUCE NUIT DE MAI

Voici la douce nuit de mai
Que l'on se doit aller jouer,
Et point ne se doit-on coucher :
La nuit bien courte trouverai.

Devers ma dame m'en irai,
Si sera pour la saluer
Et par congé lui demander
Si je lui porterai le mai.

Le mai que je lui porterai
Ne sera point un églantier,
Mais ce sera mon cœur entier
Que par amour lui donnerai.

EN BAISANT M'AMIE [1]

En baisant m'amie   j'ai cueilli la fleur.

M'amie est tant belle,   si bonne façon ;
En baisant m'amie   j'ai cueilli la fleur.

Blanche comme neige,   droite comme un jonc ;
En baisant m'amie   j'ai cueilli la fleur.

La bouche vermeille,   fossette au menton ;
En baisant m'amie   j'ai cueilli la fleur

La cuisse bien faite,   le tetin bien rond ;
En baisant m'amie   j'ai cueilli la fleur.

Les gens de la ville   ont dit qu'ils l'auront ;
En baisant m'amie   j'ai cueilli la fleur.

Mais je vous assure   qu'ils en mentiront ;
En baisant m'amie   j'ai cueilli la fleur.

[1] Voir la musique au supplément.

XVIe SIÈCLE

Le XVIe siècle offre une riche matière à notre choix. Le chant populaire s'y développe avec une abondance que prouvent assez les quelque deux cents chansons que Rabelais énumère dans son *Pantagruel*. Cette faveur des airs populaires donne naissance au genre de la « chanson musicale » dans lequel les airs connus, reproduits avec leurs paroles, servent de thème à de véritables compositions de musique, traitées généralement à quatre parties vocales par des musiciens de profession avec tous les raffinements du contre-point. Parmi ces poésies populaires, certaines sont beaucoup trop libres pour avoir place dans ce recueil ; et la plupart des autres gagneront à être présentées sous la forme plus achevée et plus moderne qu'elles vont revêtir au siècle suivant.

De nombreux chants historiques nous font revivre intensément les jours les plus mémorables de cette époque troublée : les guerres de François Ier, les horreurs de la Ligue, les ravages des bandes armées, ont inspiré maintes chansons. On trouvera ici quelques-unes des plus suggestives, qui parfois ne sont pas sans valeur littéraire.

D'ailleurs, dès le début du siècle la chanson est représentée dans la littérature : plusieurs poésies de Clément Marot, et non des moins charmantes, ont été intitulées ainsi par leur auteur et réellement chantées.

Enfin, sans parler de la Réforme, dont l'influence s'est surtout exercée sur la musique, plusieurs des œuvres les plus célèbres des poètes de la Renaissance ont été de véritables chansons ; nous en possédons les airs, auxquels elles ont dû, de leur temps, une grande part de leur popularité. C'est surtout comme « chansonnier » qu'un Ronsard a été connu dans les provinces. Les derniers travaux d'histoire littéraire et d'histoire musicale ont bien mis en lumière le rôle considérable de la poésie chantée dans l'œuvre de la Pléiade.

CHANSON
SUR LA BATAILLE DE MARIGNAN [1]

1515

Écoutez, écoutez
Tous, gentils Gallois,
La victoire du noble roi François ;
Et orrez (si bien écoutez)
Des coups rués
De tous côtés, de tous côtés,
Des coups rués de tous côtés.

Soufflez, jouez, soufflez toujours,
Tournez, virez, faites vos tours,
Fifrez, soufflez, frappez tambours,
Soufflez, jouez, frappez toujours,
Tournez, virez, faites vos tours,
Fifrez, soufflez, frappez tambours,
Soufflez, jouez, soufflez toujours.

Tonnez, tonnez, bruyez, tonnez,
Gros courtault et faucons,
Pour réjouir les compagnons,
Pour réjouir les compagnons,
Les com, les com, les compagnons,
Von, von, von, von,
Von, von, von, von,
Paripatoc [2], von, von, von, von, von, von,
Paripatoc, von, von, von, von, von, von.

Farira, rira, rara, lale,
Farira, rira, lala, lala, lale

(1) Mise en musique par Jannequin.
(2) Onomatopée, ainsi que plusieurs des mots contenus dans la suite.

Tarira, rira, lala, lala, lala, lale,
Lalala, lalala, lalala, lalale,
    Pon, pon, pon, pon, pon, pon,
Masse, masse, ducque, ducque, lala, lala,
Lalala, lalala, lalala, lalala.

Donnez des horions, pati, patac,
Trique, trique, trique, trique,
Trique, trique, trique, trique,
Trac, trique, trique, trique,
Chipe, chope, torche, torgne,
Chipe, chope, serre, serre, serre.

Aventuriers, bons compagnons,
Bandez soudain, gentils Gascons,
Nobles, sautez dans les arçons,
Armés, bouclés, frisques et mignons,
La lance au poing, hardis et prompts.
    Donnez dedans,
    Frappez dedans,
    Soyez hardis,
    En joie mis,
Chacun sa saison !

La fleur de lis, fleur de haut prix
    Y est en personne,
Alarme, alarme, alarme, alarme,
    Suivez tous le roi
        François ;
    Suivez la couronne,
Sonnez, trompettes et clairons
Pour réjouir les compagnons. *(ter)*

    Au fan feyne
Frerelelan, fanfan, feine
    Frerelan, fan,
Frerelelan fan feine fan !
    Boutez selle ! *(quater)*
Gens d'armes, à cheval ! *(ter)*
Tôt à l'étendard, tôt à l'étendard,
    Avant, avant.

Fan, fan, fan, fan,
Fan, feyne, fan.
Frère le lan, fan, feyne,
Frère le lan, fan, feine, fan. (*ter*)

Farira, rirara, lala, farira, ri,
La, la, la, la,
Trique, trac, trique, trique, trac,
Patac, trique, trique, trac.
Patipatac, patipatac,
Alarme, alarme,
Choc, choc, patipatac, patipatac.
Escampe toute frelore
La tintelore frelore,
Escampe toute frelore
La tintelore frelore,
Escampe toute frelore, bigot! (*ter*)

(Le Roux de Lincy, *Chants historiques*.)

CHANT DE VICTOIRE
SUR LES MARINIERS DE DIEPPE

1535

Les mariniers de Dieppe, ils ont bien triomphé,
Pour le bon roi de France, étant dessus la mer.
Ils étaient équipés tretous en fait de guerre
Contre les Allemands, Flamands, nos adversaires.

O noble capitaine de Dieppe de renom !
Las ! tu es bien servi de gentils compagnons.
Les mariniers y sont qui sont dans vos navires,
Servant nos ennemis à coups d'artillerie.

Ils portent les chausses doublées de taffetas,
De sayon de sayette, le pourpoint de damas ;
Et puis ils s'en iront dessus la mer jolie
Contre ses ennemis qui ont sur nous envie.

Neuf navires de Flandres sont venus rencontrer
Cinq navires de France, de Honfleur, port de mer,
Lesquels ils ont choqué à coups d'artillerie.
Les Dieppois sont venus qui faisaient rustrerie.

Les bons enfants de Dieppe triomphent cette fois,
Soutenant la querelle du noble roi François ;
Et ont pris toutefois trois navires de guerre,
Desquels ils ont honneur tant par mer que par terre.

Qui fit la chansonnette ? Un noble aventurier,
Lequel est de Grenoble, du lieu de Dauphiné,
Lequel l'a composée pour l'honneur des vaillances
Que les Dieppois ont fait pour le bon roi de France.

(LE ROUX DE LINCY, *Chants historiques*.)

CHANSON DU JOUR DE NOËL

Une pastourelle gentille
Et un berger en un verger
L'autre hier en jouant à la bille
S'entredisaient, pour abréger :
        Roger
        Berger,
        Légère
        Bergère,
C'est trop à la bille jouer,
Chantons Noë, Noë, Noë.

Te souvient-il plus du prophète
Qui nous dit cas de si haut fait,
Que d'une pucelle parfaite
Naîtrait un enfant tout parfait ?
        L'effet
        Est fait :
        La belle
        Pucelle
A eu un fils du ciel voué :
Chantons Noë, Noë, Noë.

                                          CLÉMENT MAROT

PLUS NE SUIS CE QUE J'AI ÉTÉ

Plus ne suis ce que j'ai été,
Et plus ne saurais jamais l'être :
Mon beau printemps et mon été
Ont fait le saut par la fenêtre.

Amour, tu as été mon maître,
Je t'ai servi sur tous les Dieux :
Ah ! si je pouvais deux fois naître,
Comme je te servirais mieux !

                                          CLÉMENT MAROT.

QUAND VOUS VOUDREZ FAIRE UNE AMIE [1]

Quand vous voudrez faire une amie,
Prenez-la de belle grandeur,
En son esprit non endormie,
En ses appâts, bonne rondeur ;
        Douceur
        En cœur,
        Langage
        Bien sage,
Dansant, chantant par bons accords
Et ferme de cœur et de corps.

Si vous la prenez trop jeunette,
Vous en aurez peu d'entretien.
Pour durer, prenez-la brunette,
En bon point, d'assuré maintien.
        Tel bien
        Vaut bien
        Qu'on fasse
        La chasse
Du plaisant gibier amoureux :
Qui prend telle proie est heureux.

CLÉMENT MAROT.

[1] Voir la musique au supplément.

TANT QUE VIVRAI

Tant que vivrai en âge fleurissant,
Je servirai Amour, le Dieu puissant,
En faits, en dits, en chansons et accords :
Par plusieurs jours m'a tenu languissant ;
Mais après deuil, m'a fait réjouissant,
Car j'ai l'amour de la belle au gent corps ;
    Son alliance,
    C'est ma fiance ;
    Son cœur est mien,
    Le mien est sien.
    Fi de tristesse,
    Vive liesse,
Puisqu'en amour j'ai tant de bien.

Quand je la veux servir et honorer,
Quand par écrits veux son nom décorer,
Quand je la vois et visite souvent,
Les envieux n'en font que murmurer,
Mais notre amour ne saurait moins durer ;
Autant ou plus en emporte le vent.
    Malgré envie,
    Toute ma vie,
    Je l'aimerai
    Et chanterai ;
    C'est la première,
    C'est la dernière
Que j'ai servie et servirai.

Clément Marot.

POUR L'AMOUR DE MARIE

Noël pour l'amour de Marie,
Nous chanterons joyeusement,
Qui apporte le fruit de vie,
Le tout pour notre sauvement.

Joseph et Marie s'en allèrent
Un soir, bien tard, en Bethléem.
Les hôteliers, les hôtelières
Ne les prisèr'nt pas grandement.

S'en allèrent dedans la ville,
Et d'huis en huis logis querant,
En ce temps-là la sainte fille
Était bien près d'avoir enfant.

Joseph va regardant Marie
Qui a le cœur triste et dolent,
En lui disant : Ma chère amie,
Où logerons-nous à présent?

Ils s'en vont chez un très riche homme
Demander logis humblement,
Et on leur répondit en somme :
Avez-vous chevaux largement?

Nous avons un bœuf et un âne,
Voyez-les près d'ici devant.
Vous semblez pauvres, sur mon âme,
Vous ne logerez point céans.

Ils s'en allèrent chez un autre
Demander logis pour argent,
Et on leur répondit : « A d'autres,
Vous ne logerez point céans. »

Or, Joseph vit passer un homme
Qui l'appela méchant paysan :
Où vas-tu mener cette femme,
Qui n'a pas plus haut de quinze ans?

J'ai vu là une vieille étable,
Logeons-nous-y pour maintenant.
Alors la Vierge adorable
Était bien près d'avoir enfant.

Sur la minuit cette nuitée
La douce Vierge eut son enfant,
Sa robe n'était pas fourrée
Pour l'envelopper chaudement.

Elle le mit en une crèche
Sur un peu de foin seulement,
Une pierre dessous la tête,
Pour reposer le Tout-Puissant.

Or, prions la Vierge Marie
Que son fils veuille supplier
Qu'il nous doint (1) mener telle vie
Qu'en Paradis puissions entrer.

(*Les Grands Noelz nouveaulx*, vers 1550.)

---

(1) Qu'il nous donne, qu'il nous permette.

CHANSON DU FRANC ARCHER
1562

Le franc archer à la guerre s'en va,
Testamenta comme un chrétien doit faire,
Il a laissé sa femme à son vicaire,
Et au curé les clefs de sa maison ;
    Viragon, vignette sur vignon.

Le franc archer belles armes avait,
L'épée était d'une broche tortue,
Sa dague était d'une cuiller rompue,
D'un pot cassé faisait son morion ;
    Viragon, vignette sur vignon.

Le franc archer un fort bel arc avait,
De bois pourri, la corde renouée,
Sa flèche était de papier empennée,
Le bout brûlé servait de vireton ;
    Viragon, vignette sur vignon.

Le franc archer un beau chapeau avait,
De bourre était bien filée et déliée,
Sa chemise sur l'épaule nouée :
Toujours le vent lui souffle au croupion ;
    Viragon, vignette sur vignon.

Le franc archer un corselet avait
De beau fer-blanc, les brassards faits de corne,
Ainsi armé se regarde et retorne :
Sangri, dit-il, me voilà beau garçon ;
    Viragon, vignette sur vignon.

Le franc archer belles bottes avait,
De paille étaient, de vert osier liées,
Chausses avait de drapeau dessirées,

Une lardoire lui servait d'éperon ;
   Viragon, vignette sur vignon.

Le franc archer une jument avait
De poil fauveau, tant maigre et harassée,
Sa selle était de paille rembourrée ;
Après suivait son petit poulichon ;
   Viragon, vignette sur vignon.

Le franc archer chez son hôte arriva :
Vertu, morgoi, jarnigoi, je te tue. —
Tout beau, monsieur, nos oisons sont en mue.
Il l'apaisa d'une soupe à l'oignon ;
   Viragon, vignette sur vignon.

Le franc archer à son repas avait
Du lard grillé, du lait clair pour potage,
Le plus souvent de l'eau pour son breuvage,
A son dessert mangeait un champignon ;
   Viragon, vignette sur vignon.

Le franc archer de belle taille était,
Bossu, manchot, les jambes contrefaites,
Borgne et morveux, et jamais sans lunettes,
Ayant toujours les mules au talon ;
   Viragon, vignette sur vignon.

Le franc archer preux et vaillant était ;
Il assaillait fort volontiers les mouches :
Sus, disait-il, il faut que je vous touche,
Mais une guêpe lui donna l'aiguillon ;
   Viragon, vignette sur vignon.

Le franc archer revint en sa maison,
Bien empêché de retrouver sa rue,
Droit sur un pied faisant la grue,
Raide de froid était comme un glaçon ;
   Viragon, vignette sur vignon.

Le franc archer tant sa femme chercha
Qu'il la trouva logée au presbytère,
Couchée était avecque le vicaire

Qui en prenait sa récréation ;
   Viragon, vignette sur vignon.

Le franc archer à son vicaire dit :
Quand aurez fait de ma femme à votre aise,
La renvoyer en ma maison vous plaise,
Et vous l'aurez à la collation ;
   Viragon, vignette sur vignon.

Le franc archer de Paris se disait
Fils d'un marchand des bateaux capitaine.
Lui caporal, son oncle porte-enseigne,
Et son cousin était porte-bedon (1) ;
   Viragon, vignette sur vignon.

(Le Roux de Lincy, *Chants historiques*.)

(1) Porte-tambour.

CHANSON SUR LA MORT DU DUC DE GUISE

Qui veut ouïr chanson ? (*bis*)
C'est du grand duc de Guise
    Et bon bon bon bon
    Didan, diban, bon.
C'est du grand duc de Guise
Qu'est mort et enterré.

Qu'est mort et enterré. (*bis*)
Aux quatre coins du poêle,
    Et bon, etc.
Quat' gentilshomm's y avait.

Quat' gentilshomm's y avait (*bis*)
Dont l'un portait son casque,
    Et bon, etc.
Et l'autr' ses pistolets.

Et l'autr' ses pistolets, (*bis*)
Et l'autre son épée,
    Et bon, etc.
Qui tant d'hug'nots a tués.

Qui tant d'hug'nots a tués. (*bis*)
Venait le quatrième,
    Et bon, etc.
Qu'était le plus dolent.

Qu'était le plus dolent. (*bis*)
Après venaient les pages,
    Et bon, etc.
Et les valets de pied.

Et les valets de pied (*bis*)
Avecque de grands crêpes,
    Et bon, etc.
Et des souliers cirés.

Et des souliers cirés (*bis*)
Et des beaux bas d'estame,
    Et bon, etc.
Et des culottes de piau.

Et des culottes de piau. (*bis*)
La cérémonie faite,
    Et bon, etc.
Chacun s'alla coucher.

Chacun s'alla coucher, (*bis*)
Les uns avec leur femme,
    Et bon, etc.
Et les autres tout seuls.

(Chanson composée à l'occasion de l'enterrement du duc de Guise, en 1563.)

GAUDINETTE

Mon père et ma mère
N'ont que moi d'enfant.
Gaudinette, je vous aime tant !
Et y m'ont fait faire
Un cotillon blanc :
Gaudinette, je vous aime tant !

J'étais trop petite,
Il était trop grand :
Gaudinette, je vous aime tant.
J'en ai fait rognure
Trois pieds par devant :
Gaudinette, je vous aime tant !

J'en ai fait rognure
Trois pieds par devant :
Gaudinette, je vous aime tant !
Autant par derrière,
Encore est trop grand :
Gaudinette, etc.

Autant par derrière,
Encore est trop grand :
Gaudinette, etc.
Et de la rognure
J'en ai fait des gants :
Gaudinette, etc.

Et de la rognure
J'en ai fait des gants :
Gaudinette, etc.
C'est pour le mien ami,
Lui que j'aime tant :
Gaudinette, etc.

C'est pour le mien ami,
Lui que j'aime tant :
Gaudinette, etc.
M'empoigne et m'embrasse,
M'a fait un enfant.
Gaudinette, etc.

M'empoigne et m'embrasse,
M'a fait un enfant ;
Gaudinette, etc.
Aussi m'a guérie
Du grand mal de dents.
Gaudinette, etc.

Aussi m'a guérie
Du grand mal de dents,
Gaudinette, etc.
Et le sut mon père,
Qui me battit tant.
Gaudinette, etc.

Et le sut mon père,
Qui me battit tant.
Gaudinette, etc.
Tout beau, tout beau, père,
Frappez doucement :
Gaudinette, etc.

Tout beau, tout beau, père,
Frappez doucement :
Gaudinette, etc.
Si la mère fit faute,
Qu'en peut mais l'enfant ?
Gaudinette, etc.

Si la mère fit faute,
Qu'en peut mais l'enfant ?
Gaudinette, etc.
Ce n'est rien du vôtre
Ni de votre argent :
Gaudinette, etc.

Ce n'est rien du vôtre
　　　Ni de votre argent,
　Gaudinette, etc.
　　Mais c'est du mien ami,
　　　Qu'au vert bois m'attend :
　Gaudinette, etc.

　　Mais c'est du mien ami,
　　　Qu'au vert bois m'attend,
　Gaudinette, etc.
　　Et pour moi endure
　　　La pluie et le vent :
　Gaudinette, etc.

　　Qui pour moi endure
　　　La pluie et le vent,
　Gaudinette, etc.
　　Et la grand' froidure
　　　Qui du ciel descend :
　Gaudinette, etc.

　　Et la grand' froidure
　　　Qui du ciel descend,
　Gaudinette, etc.
　　Et pour lui j'endure
　　　La honte des gens :
　Gaudinette, je vous aime tant !

　　　　(*Voix-de-Ville*, recueil de 1576.)

TOUS LES BOURGEOIS DE CHATRE

Air : *Nous nous mismes à jouer.*

Tous les bourgeois de Châtre
Et ceux de Montlhéry
S'en allaient quatre à quatre,
En chassant le souci,
Cette journée ici
Que la Vierge Marie,
Près le bœuf et l'ânon,
    Don, don,
De Jésus accoucha,
    La, la,
Dans une bergerie.

Des anges de lumière
Ont chanté divers tons
Aux bergers, aux bergères
Qui gardaient leurs moutons
Parmi tous ces cantons,
Tout à l'entour de l'onde
Disant que ce mignon,
    Don, don,
Était né près de là,
    La, la,
Pour le salut du monde.

Ils prennent leurs houlettes
Avec empressement,
Leurs hautbois, leurs musettes,
Et s'en vont promptement
Tout droit à Saint-Clément,
A travers la montagne,

Étant tous réjouis,
         Ravis
D'aller voir cet enfant
         Naissant,
Joseph et sa compagne.

De Saint-Germain la bande
Vint en procession,
Et traversa la lande
Sans faire station,
Ni la collation,
Dansant à l'harmonie
Que faisaient les pasteurs
         Chanteurs,
Lesquels n'étaient pas las,
         La, la,
De faire symphonie.

Messire Jean, vicaire
De l'église d'Églis,
Fit porter, pour mieux boire,
Du vin dans son logis ;
Les écoliers garnis,
Toute cette nuitée
Se sont mis à chanter,
         Danser,
Ut, ré, mi, fa, sol, la
         La, la,
A gorge déployée.

Lorsqu'on vidait la coupe,
Un nommé des Aveaux
Faisait de bonne soupe
Avec force naveaux,
Poulets et pigeonneaux,
Pour faire grande chère,
Outre des hallebrans
         Faisans
Qu'apporta Jean Babot,
         Pas sot,
A Jésus et sa mère,

Comme on était à table,
Un garçon de Nevers,
Sur un luth agréable,
Chanta mille beaux airs
Sur tous les tons divers,
Mêlant sa chanterie
De trompette et clairons,
    Don, don,
Avec l'alleluya,
    La, la,
A Joseph et Maria.

Tous prièrent de grâce
Et la mère et le fils,
De leur faire une place
Dedans le Paradis,
Ce qu'ils leur ont promis.
Et puis chacun s'apprête
D'aller vers son canton,
    Don, don,
Qui de-ci, qui de-là,
    La, la,
En faisant bonne fête.

(Noël de Cour.)

NE VEUX-TU PAS BIEN, MIGNONNE...

Ne veux-tu pas bien, mignonne,
Mignonne, ne veux-tu pas,
Puisqu'Amour ainsi l'ordonne
Que nous prenions nos ébats ?
    Ma pucelette
      Follette
      Veux-tu pas
Que je t'accole à plein bras ?
    Mille fois
    Tu me dois
     Baiser,
    Apaiser
     Tu peux
     Si tu veux
Par ce moyen l'ardeur
Qui tourmente mon cœur ;

Tu ne me dois éconduire,
Tu ne me dois débouter,
Tu ne me dois point dédire
Mais tu me dois écouter :
    D'amour extrême
     Je t'aime,
    Prends pitié
De recevoir ta moitié :
    C'est le don
    Et guerdon
     Tant cher
    Dont l'Archer
     Nous fait
     Par effet
Un présent gracieux,
Et ne peut donner mieux.

Le Ciel nous est favorable,
Nous sommes au beau printemps,
Amour nous est secourable,
Nous voyons fleurir nos ans,
    Toute allégresse
      Nous presse
      A présent
D'aller au verger plaisant.
      C'est le lieu
      Où le Dieu
       D'amour
      Fait séjour
       Qui peut
      Quand il veut
    Donner aux amoureux
    Contentement heureux.

Viens tôt doncques, ma mignarde,
Viens tôt et ne tarde plus
M'accoler toute gaillarde,
Ne me fais point de refus,
    Car la jeunesse
      Nous laisse
      Sans déduit,
Et la vieillesse nous suit ;
      Ote-nous
     Mon cœur doux
      D'émoi,
     Viens à moi
      M'amour,
     Ce beau jour
    Te doit donner désir
    De prendre ton plaisir.

CLAUDE DE PONTOUX.

O QUE JE SUIS COURROUCÉE

O que je suis courroucée,
O que j'endure d'émoi,
Mon ami m'a délaissée
Ne faisant compte de moi :
    Malheureuse
    L'amoureuse
Qui se fie à ces garçons,
    Qui allèchent
    Et ne cherchent
Qu'à nous payer de chansons.
Car ils sont tous decevants,
Leur amour ne poursuivant.

Il s'écarte en Italie,
Jamais je ne le verrai,
Jamais que mélancolie
De son départ je n'aurai :
    Car la dame
    Trop s'enflamme
A cette première amour,
    Et la perte
    Recouverte
Ne peut onc être du jour
Qu'elle perd son amoureux
Par un dédain rigoureux.

Mais il faut que je confesse
Avoir failli grandement,
De lui user de rudesse
Sans prendre égard au tourment
    Qui consomme
    Le jeune homme

D'impatiente amitié,
    Sur cet âge
    Qu'il enrage
De se joindre à sa moitié,
Ne prévoyant que l'homme est
Trop prompt à ce qui luy plait.

Ne devais-je pas connaitre
A voir ses yeux douloureux
Que je lui devais permettre
Quelque plaisir amoureux ?
    Sans cruelle
    Et rebelle
Le traiter si rudement,
    Quand Cyprine
    La doucine
L'encourageait ardemment ?
Si je l'eusse fait ainsi
Encor serait-il ici.

Mon Dieu, que j'étais heureuse
Quand penchée sur son sein
Je l'embrassais, envieuse
De baiser sa blanche main,
    Sa tetine
    Argentine,
Son frison d'or rousselet,
    Qui se noue
    Sur sa joue
Toute de rose et d'œillet,
Et quand je baisais ses yeux
Si beaux et si gracieux.

Mon Dieu, que j'étais joyeuse
Quand je l'oyais deviser
D'une façon gracieuse
En me venant courtiser :
    La harangue
    De sa langue
Coulait plus douce que le miel ;
    Je m'assure

Que Mercure
Fût pour lors venu du Ciel,
Qu'il n'eusse su parler mieux
Bien qu'il fût appris des dieux.

Mon Dieu, que j'étais heureuse
Alors que parlementant
De chose facétieuse
Nous nous allions ébattants
    Sur la prée
    Diaprée
De mille belles couleurs,
    Quand de grâce
    Sur la place
Il cueillait de toutes fleurs
Pour un bouquet façonner
Et après me le donner.

Mon Dieu, que j'étais heureuse
Quand il me venait saisir
D'une main dévotieuse
Et sur les autres choisir.
    En la fête
    Tant honnête
Pour exercer les amours
    Des pucelles
    Damoiselles,
Me faisant faire deux tours,
D'une gente gravité
Montrant sa dextérité.

Mais maintenant malheureuse
Je ne vis qu'en déplaisir,
En me voyant douloureuse,
Ayant perdu tout plaisir
    Que doit prendre
    Et apprendre
Des amoureux courtisans
    La pucelle
    Jeune et belle
En la fleur de ses beaux ans,

Rendant ses esprits contents
Car toute chose a son temps.

Apprenez donc, pucelettes,
En oyant mes tristes sons,
A être plus que vous êtes
Amoureuses de garçons,
    Quand jeunesse
    Les adresse
Devant vos attrayants yeux,
    Qu'une honte
    Ne vous dompte,
Ne refusez votre mieux,
Car enfin pourriez sentir
Un trop tardif repentir.

Claude de Pontoux.

LÉENTIN, VEUX-TU SAVOIR COMME...

Léentin, veux-tu savoir comme
Je vis étant amoureux,
Je ne crois point qu'il soit homme
Vivant plus que moi heureux.

J'ai acquis une maîtresse
Belle trop plus que le jour,
Qui me tient en allégresse
Et perpétuelle amour.

Son amour est mutuelle,
Pleine de toute bonté,
Elle ne m'est point cruelle
Comme celle du comté.

Bien qu'un autre la courtise,
Je n'en deviens point jaloux,
Connaissant que sans feintise
Elle m'aime par sus tous.

Je l'embrasse, je l'accolle,
Je la baise quand je veux,
Et d'une main gaie et folle
Je tortille ses cheveux.

Puis de rechef je l'embrasse,
La contemplant ocieux,
En me mirant dans sa face
Et dans ses yeux gracieux.

Ainsi béant je demeure
Comme le milan par l'air,
Et la voyant rire à l'heure
Je recouvre le parler.

Puis de rechef je retourne
Plus fort à la mugueter,
Que si elle se détourne
Je la contrains d'arrêter.

Tenant sa main fretillarde,
Elle pense m'échapper
En faisant de la mignarde
Pour après me refrapper.

Si elle se veut ébattre
Avec moi je lui permets
De me battre pour la battre,
Puis après je fais la paix.

Mais ce battre ne l'attise
A courroux de se venger,
Ce n'est qu'une mignardise
Que je fais pour la ranger.

Car après je l'amadoue
Pour promptement l'apaiser,
Lui disant que je me joue
Et puis je la viens baiser.

Elle se contient pour l'heure
De plus tant me tracasser
Pour d'une grâce meilleure
Ses beaux yeux recommencer.

Pour chose que je lui fasse
Elle n'en prend point d'émoi,
Et je sais bien de sa grâce
Qu'elle n'aime autre que moi.

D'un désir insatiable
Elle me vient embraser
Quand elle voit amyable
Que je la viens caresser.

Nous nous baisotons ensemble
Et mon secret je lui dis,
Et la baisant il me semble
Que je vole en paradis.

Mon Dieu, que j'ai de liesse
D'ouïr les divers accords
Que prononce ma déesse
Quand sur son giron je dors !

Jamais voix d'une Sirène
Ne fut si douce à ouïr
Que la sienne souveraine
Qui tant me fait réjouir.

Et suis certain que la blonde
De son chant mélodieux
Et de sa douce faconde
Endormirait tous les dieux.

Étant penché dessus elle
Comme Vénus sur Adon,
Tout en plaisir je sommeille
Comme Ascane sur Didon.

Ainsi sommeillait Lucine
En éternelle union
Sur la bouchette doucine
De son doux Endymion.

Ainsi prend ma damoiselle
Sur ma face son repos,
Puis quand elle se réveille
Elle me tient ces propos :

Ma barbelette dorée,
Mon miel et mon sucre doux,
Ma douce manne éthérée,
Serez-vous pas mon époux ?

Vous savez que mariage
Nous est ordonné de Dieu
Pour croitre l'humain lignage
Dessus ce terrestre lieu.

Je n'ai eu jamais envie
D'autre mari me pourvoir
Que vous, mon bien et ma vie,
S'il vous plait me recevoir.

Car les Cieux m'ont destinée
Pour être votre moitié.
O que je suis fortunée
D'entrer en votre amitié.

Venez donc, mon Titon, ore
Venez donc toutes les nuits
Dormir avec votre Aurore
Et vous l'ôterez d'ennuis.

Chanson, la main qui te trace
Aujourd'hui pour son guerdon (1)
Toute allègre prendra place
Au dortoir de Cupidon.

Claude de Pontoux.

ADIEU, PLAISANT PAYS DE FRANCE

Adieu, plaisant pays de France,
  O ma patrie,
   La plus chérie,
Qui a nourri ma jeune enfance !

Adieu, France, adieu mes beaux jours.
La nef qui déjoint nos amours,
N'a ci de moi que la moitié ;
Une part te reste, elle est tienne,
Je la fie à ton amitié,
Pour que de l'autre il te souvienne.

Marie Stuart.

---

(1) Pour sa récompense.

XVIe SIÈCLE

CHANSON NOUVELLE D'UN BON SOLDAT, VRAI ET NATUREL FRANÇAIS

1590

Et se chante sur le chant :
En quel bois plus sauvage, etc.

Depuis quinze ans que j'ai suivi la guerre
Et du dieu Mars les superbes étendards,
J'ai recherché les plus braves soldats
Et plus hardis qui soient dessus la terre.

L'honneur français m'a fait prendre les armes
Pour mon vrai roi, mon honneur et ma foi ;
S'il s'en trouve un plus vigilant que moi
Pour cet effet à courir aux alarmes,

Si je n'y vais avec une assurance,
Si je n'y vais d'un courage parfait,
Si je n'y vais de bon cœur en effet,
N'ayez jamais de soldat souvenance.

La France a vu la fleur de mon jeune âge,
Et la vigueur de mon jeune printemps ;
Je suis Français, et pour ce je prétends
Faire service au Roi de bon courage.

Je ne suis point un tyran de Judée,
Je ne suis point soldat de l'union ;
Je suis vassal de Henry de Bourbon,
Et pour lui seul je porte mon épée.

J'ai dans mon cœur la fleur de lys gravée,
J'ai dans mon cœur gravé le nom français ;
J'aimerais mieux mourir cent mille fois
Que de quitter le Roi, ni son armée.

Ce grand Néron, que du Maine on appelle,
Qui veut venger de ses frères la mort,
Va l'Espagnol chercher pour son support,
 Il attend vengeance éternelle.

Lyon, tu es pour certain bien heureuse
D'avoir repris le parti de ton Roi
Et vaillamment déchassé loin de toi
Cette union et Ligue malheureuse.

Bâtards français, tyrans pleins de furie,
Reconnaissez votre Roi maintenant.
Ouvrez les yeux, vous verrez clairement
Que Dieu lui veut conserver sa patrie.

Sus donc, Français, prenons tretous les armes,
Et notre Roi suivons aux fiers combats,
Pour ces Ligueurs espagnols mettre à bas,
Suivons-le donc aux assauts et alarmes.

Que l'Espagnol et le Ligueur damnable
Sentent l'effroi des redoutés Français,
Et que vaincus ils soient à cette fois
Et déchassés comme peste exécrable.

Pour faire fin, crions tretous sans cesse :
Vive le Roi ! ce valeureux Bourbon,
Ce grand Roi, prince de grand renom,
Et lui chantons un hymne d'allégresse.

(Le Roux de Lincy, Chants historiques.)

CHANSON POUR GABRIELLE D'ESTRÉES
1596

Charmante Gabrielle,
Percé de mille dards,
Quand la gloire m'appelle
A la suite de Mars,
Cruelle départie,
   Malheureux jour,
Que ne suis-je sans vie
   Ou sans amour !

Bel astre, faut-il que je vous quitte !
   O cruel souvenir !
Ma douleur s'en irrite ;
Vous revoir ou mourir.
Cruelle départie, etc..

Je veux que mes trompettes,
Mes fifres, les échos
Incessamment répètent
Ces tendres et tristes mots :
Cruelle départie, etc.

L'amour, sans nulle peine,
M'a par vos doux regards,
Comme un grand capitaine,
Mis sous ses étendards.
Cruelle départie, etc.

Si votre nom célèbre
Sur mes drapeaux brillait,
Jusques aux bords de l'Èbre
L'Espagne me craindrait.
Cruelle départie, etc.

Partagez ma couronne,
Le prix de ma valeur ;
Je la tiens de Bellonne,
Tenez-la de mon cœur.
Moment digne d'envie,
　Heureux retour,
C'est trop peu de ma vie
Pour tant d'amour.

Je n'ai pu dans la guerre
Qu'un royaume gagner ;
Mais sur toute la terre
Vos yeux doivent régner.
Moment digne d'envie,
　Heureux retour,
C'est trop peu d'une vie
　Pour tant d'amour.

(Attribuée à Henri IV.)

AVRIL (1)

Avril, l'honneur et des bois
    Et des mois :
Avril, la douce espérance
Des fruits qui sous le coton
    Du bouton,
Nourrissent leur jeune enfance ;

Avril, l'honneur des prés verts,
    Jaunes, pers,
Qui, d'une humeur bigarrée,
Emaillent de mille fleurs
    De couleurs,
Leur parure diaprée ;

Avril, l'honneur des soupirs
    Des zéphyrs,
Qui, sous le vent de leur aile
Dressent encor, ès forêts,
    De doux rets
Pour ravir Flore la belle :

Avril, c'est ta douce main
    Qui, du sein
De la nature, desserre
Une moisson de senteurs
    Et de fleurs,
Embaumant l'air et la terre ;

Avril, la grâce et le ris
    De Cypris,
Le flair et la douce haleine ;
Avril, le parfum des dieux,
    Qui, des cieux,
Sentent l'odeur de la plaine ;

(1) Voir la musique au supplément.

C'est toi, courtois et gentil,
    Qui d'exil
Retires ces passagères,
Ces arondelles qui vont,
    Et qui sont
Du printemps les messagères.

L'aubépine et l'églantin,
    Et le thym,
L'œillet, le lis et les roses
En cette belle saison,
    A foison,
Montrent leurs robes écloses.

Le gentil rossignolet
    Doucelet,
Découpe dessous l'ombrage,
Mille fredons babillards,
    Frétillards,
Au doux chant de son ramage.

C'est à ton heureux retour
    Que l'amour
Souffle, à doucettes haleines
Un feu croupi et couvert
    Que l'hiver
Recelait dedans nos veines.

Tu vois, en ce temps nouveau,
    L'essaim beau
De ces pillardes avettes
Voleter de fleur en fleur,
    Pour l'odeur
Qu'ils mussent en leurs cuissettes.

Mai vantera ses fraîcheurs,
    Ses fruits mûrs,
Et sa féconde rosée,
La manne et le sucre doux,
    Le miel roux,
Dont sa grâce est arrosée.

Mais moi, je donne ma voix
　　　A ce mois
Qui prend le surnom de celle
Qui, de l'écumeuse mer,
　　　Vit germer
Sa naissance maternelle.

Rémy Belleau.

MIGNONNE, ALLONS VOIR SI LA ROSE ⁽¹⁾

Mignonne, allons voir si la rose
Qui ce matin avait déclose
Sa robe de pourpre au soleil
A point perdu cette vêprée
Les plis de sa robe pourprée,
Et son teint au vôtre pareil.

Las! voyez comme en peu d'espace,
Mignonne, elle a dessus la place,
Las! las! ses beautés laissé choir!
O vraiment marâtre Nature,
Puisqu'une telle fleur ne dure
Que du matin jusques au soir!

Donc, si vous me croyez, mignonne,
Tandis que votre âge fleuronne
En sa plus verte nouveauté,
Cueillez, cueillez votre jeunesse :
Comme à cette fleur, la vieillesse
Fera ternir votre beauté.

Ronsard.

(1) Voir la musique au supplément.

DEMANDES-TU, DOUCE ENNEMIE...

Demandes-tu, douce ennemie,
Quelle est pour toi ma pauvre vie ?
Hélas, certainement elle est
Telle qu'ordonner te la plaît.

Pauvre, chétive et langoureuse,
Dolente, triste, malheureuse,
Et tout le plus fâcheux émoi
D'amour fâcheux loge chez moi.

Après demandes-tu, ma mie,
Quelle compagnie a ma vie ?
Certes accompagnée elle est
De tels compagnons qu'il te plaît.

Ennui, travail, peine, tristesse,
Larmes, soupirs, sanglots, détresse,
Et tout le plus fâcheux souci
D'amour fâcheux y loge aussi.

Voilà comment pour toi, Marie,
Je traîne ma chétive vie,
Heureux du mal que je reçoi
Pour t'aimer cent fois plus que moi.

RONSARD.

QUAND CE BEAU PRINTEMPS JE VOIS

Quand ce beau printemps je vois
      J'aperçois
Rajeunir la terre et l'onde,
Et me semble que le jour
      Et l'amour
Comme enfants naissent au monde.

Le jour qui plus beau se fait
      Nous refait
Plus belle et verte la terre,
Et amour armé de traits
      Et d'attraits
Dans nos cœurs nous fait la guerre.

Il répand de toutes parts
      Feux et dards,
Et dompte sous sa puissance
Hommes, bêtes et oiseaux,
      Et les eaux
Lui rendent obéissance.

Vénus avec son enfant
      Triomphant
Au haut de sa coche assise
Laisse ses cygnes voler
      Parmi l'air
Pour aller voir son Anchise.

Quelque part que ses beaux yeux
      Par les cieux
Tournent leurs lumières belles,
L'air qui se montre serein
      Est tout plein
D'amoureuses étincelles.

Puis en descendant à bas
　　　Sous ses pas
Croissent mille fleurs décloses ;
Les beaux lys et les œillets
　　　Vermeillets
Y naissent avec les roses.

Celui vraiment est de fer
　　　Qu'échauffer
Ne peut sa beauté divine,
Et en lieu d'humaine chair
　　　Un rocher
Porte au fond de la poitrine.

Je sens en ce mois si beau
　　　Le flambeau
D'amour qui m'échauffe l'âme,
Y voyant de tous côtés
　　　Les beautés
Qu'il emprunte de ma dame.

Quand je vois tant de couleurs
　　　Et de fleurs
Qui émaillent un rivage,
Je pense voir le beau teint
　　　Qui est peint
Si vermeil en son visage.

Quand je vois les grands rameaux
　　　Des ormeaux
Qui sont serrés de lierre,
Je pense être pris au lacs
　　　De ses bras
Quand sa belle main me serre.

Quand j'entends la douce voix
　　　Par les bois
Du beau rossignol qui chante,
D'elle je pense jouir
　　　Et ouïr
Sa douce voix qui m'enchante.

Quand Zéphyre mène un bruit
        Qui se suit
Au travers d'une ramée,
Des propos il me souvient
        Que me tient
Seule à seul ma bien-aimée.

Quand je vois en quelque endroit
        Un pin droit
Ou quelque arbre qui s'élève,
Je me laisse décevoir,
        Pensant voir
Sa belle taille et sa grève (1).

Quand je vois dans un jardin,
        Au matin,
S'éclore une fleur nouvelle,
J'accompare le bouton
        Au teton
De son beau sein qui pommelle.

Quand le soleil tout riant
        D'orient
Nous montre sa blonde tresse,
Il me semble que je voi
        Près de moi
Lever ma belle maîtresse.

Quand je sens parmi les prés
        Diaprés
Les fleurs dont la terre est pleine,
Lors je fais croire à mes sens
        Que je sens
La douceur de son haleine.

Bref, je fais comparaison
        Par raison
Du printemps et de m'amie :
Il donne aux fleurs la vigueur
        Et mon cœur
D'elle prend vigueur et vie.

(1) Jambe.

Je voudrais au bruit de l'eau
    D'un ruisseau
Déplier ses tresses blondes,
Frisant en autant de nœuds
    Ses cheveux
Que je verrais friser d'ondes.

Je voudrais pour la tenir
    Devenir
Dieu de ces forêts désertes,
La baisant autant de fois
    Qu'en un bois
Il y a de feuilles vertes

Ah ! maîtresse, mon souci,
    Viens ici,
Viens contempler la verdure :
Les fleurs de mon amitié
    Ont pitié
Et seule tu n'en as cure.

Au moins lève un peu tes yeux
    Gracieux
Et vois ces deux colombelles,
Qui font naturellement
    Doucement
L'amour du bec et des ailes.

Et nous sous ombre d'honneur,
    Le bonheur
Trahissons par une crainte :
Les oiseaux sont plus heureux
    Amoureux,
Qui font l'amour sans contrainte.

Toutefois ne perdons pas
    Nos ébats
Pour ces lois tant rigoureuses,
Mais si tu m'en crois vivons
    Et suivons
Les colombes amoureuses.

Pour effacer mon émoi,
Baise-moi,
Rebaise-moi, ma Déesse,
Ne laissons passer en vain,
Si soudain,
Les ans de notre jeunesse.

RONSARD.

MA BELLE, SI TON AME

Ma belle, si ton âme
Se sent or allumer
De cette douce flamme
Qui nous force d'aimer ;
Allons, contents,
Allons sur la verdure,
Allons, tandis que dure
Notre jeune printemps.

Avant que la journée
De notre âge qui fuit
Se trouve environnée
Des ombres de la nuit,
Prenons loisir
De vivre notre vie,
Et sans craindre l'envie,
Donnons-nous du plaisir.

Du soleil la lumière
Vers le soir se déteint,
Puis à l'aube première
Elle reprend son teint ;
Mais notre jour,
Quand une fois il tombe
Demeure sous la tombe,
Sans espoir de retour.

GILLES DURANT.

O BIENHEUREUX QUI PEUT PASSER SA VIE

O bienheureux qui peut passer sa vie
Entre les siens, franc de haine et d'envie,
Parmi les champs, les forêts et les bois,
Loin du tumulte et du bruit populaire ;
Et qui ne vend sa liberté pour plaire
Aux passions des princes et des rois !

Il n'a souci d'une chose incertaine,
Il ne se paît d'une espérance vaine,
Nulle faveur ne le va décevant ;
De cent fureurs il n'a l'âme embrassée,
Et ne maudit sa jeunesse abusée,
Quand il ne trouve à la fin que du vent.

Il ne frémit quand la mer courroucée
Enfle ses flots, contrairement poussée
Des vents émus soufflant horriblement :
Et quand la nuit à son aise il sommeille,
Une trompette en sursaut ne l'éveille
Pour l'envoyer du lit au monument.

L'ambition son courage n'attise,
D'un fard trompeur son âme il ne déguise,
Il ne se plaît à violer sa foi ;
Des grands seigneurs l'oreille il n'importune,
Mais en vivant content de sa fortune,
Il est sa cour, sa faveur, et son roi.

Je vous rends grâce, ô déités sacrées
Des monts, des eaux, des forêts et des prées,
Qui me privez de pensers soucieux,
Et qui rendez ma volonté contente,
Chassant bien loin la misérable attente,
Et les désirs des cœurs ambitieux !

Dedans mes champs ma pensée est enclose.
Si mon corps dort mon esprit se repose,
Un soin cruel ne le va dévorant :
Au plus matin, la fraîcheur me soulage,
S'il fait trop chaud, je me mets à l'ombrage,
Et s'il fait froid, je m'échauffe en courant.

Si je ne loge en ces maisons dorées,
Au front superbe, aux voûtes peinturées
D'azur, d'émail et de mille couleurs,
Mon œil se paît des trésors de la plaine
Riche d'œillets, de lis, de marjolaine,
Et du beau teint des printanières fleurs.

Dans les palais enflés de vaine pompe,
L'ambition, la faveur qui nous trompe,
Et les soucis logent communément :
Dedans nos champs se retirent les fées,
Reines des bois à tresses décoiffées,
Les jeux, l'amour et le contentement.

Ainsi vivant, rien n'est qui ne m'agrée.
J'ouïs des oiseaux la musique sacrée,
Quand, au matin, ils bénissent les cieux ;
Et le doux son des bruyantes fontaines
Qui vont, coulant de ses roches hautaines,
Pour arroser nos prés délicieux.

Douces brebis, mes fidèles compagnes,
Haies, buissons, forêts, prés et montagnes,
Soyez témoins de mon contentement :
Et vous, ô dieux ! faites, je vous supplie,
Que, cependant que durera ma vie,
Je ne connaisse un autre changement.

DESPORTES.

JE ME LEVAI PAR UN MATIN

Je me levai par un matin
   Que jour il n'était mie ;
Je m'en entrai dans nos jardins
   Pour cueillir la soucie.
Dibe, dibe, doube, la la la,
   Passons mélancolie.

Je n'en eus pas cueilli trois brins
   Que mon ami n'arrive
Lequel me requit d'un baiser ;
   Ne l'osai éconduire.

— Prenez-en deux, prenez-en trois,
   Passez-en votre envie.
Mais quand vous aurez fait de moi
   Ne vous en moquez mie.

Car si mon frère le savait
   Vous ôterait la vie ;
Pour ma sœur elle sait fort bien
   Qui ne s'en fait que rire,

Car elle en faisait bien autant
   Quand elle était petite.

(*La Fleur ou l'eslite de toutes les chansons amoureuses et airs de court*, Rouen, 1602.)

XVIIe SIÈCLE

On a beaucoup chanté au XVIIe siècle dans toutes les classes de la société. Les « honnêtes gens » chantaient des *airs de cour* où la galanterie un peu fade de l'époque s'ornait des grâces de l'esprit précieux. Le chant était très cultivé dans l'aristocratie : on s'y disputait quelques maîtres renommés qui enseignaient à chanter « proprement », c'est-à-dire avec ces nuances, ces agréments et ces inflexions mourantes qui constituaient ce qu'on appelait « le goût du chant français ». Les airs de cour proprement dits sont assez différents de ce que nous entendons aujourd'hui par chanson ; on en trouvera ici quelques exemples caractéristiques.

Le peuple avait son répertoire particulier, les *vaudevilles*, chansons souvent satiriques et presque toujours fort grossières, que l'on chantait ordinairement sur le Pont-Neuf, d'où le nom de « ponts-neufs » par lequel ils sont parfois désignés.

Ce qui, au XVIIe siècle, correspond le mieux à ce que nous appelons la chanson, tient à la fois de l'air de cour et du vaudeville. Ces chansons, moins apprêtées que les premiers et un peu moins libres que les seconds, nous ont été conservées en grand nombre dans les recueils que l'éditeur Christophe Ballard publia au début du XVIIIe siècle sous le titre de *Brunettes ou petits airs tendres.... mêlées de chansons à danser.* Le titre de brunette leur vient de la jeune brune qui en est l'héroïne familière. Généralement galantes et champêtres, elles nous présentent les thèmes de la tradition populaire, mais légèrement épurés et stylisés, sans qu'ils aient perdu toutefois leur naïveté primitive. Parfois aussi elles expriment sous une forme plus simple et avec un faux air pastoral les sentiments habituels aux airs de cour. C'est naturellement parmi les chansons du premier genre que nous avons fait le plus volontiers notre choix.

IL ÉTAIT UNE FILLETTE

Il était une fillette
  Qui allait glaner :
A fait sa gerbe trop grosse,
  Ne peut la lier.
Mon Dieu, qu'elle est godinette !
  La saurai-je aimer ?

Par ici y est passé
  Un brave chevalier.
Il l'a priée d'amourette ;
  Ne l'a refusé.
Mon Dieu...

La fillette fut niquette,
  S'est mise à pleurer
Et moi je fus pitoyable
  L'a laissée aller.
Mon Dieu...

Quand ell' fut dedans c'bois
  Se mit à chanter :
— Hélas ! où est-il allé
  Ce couart chevalier ?
Mon Dieu...

Hélas ! où est-il allé
  Ce couart chevalier ?
Pour un soupir d'amourette
  M'a laissée aller.
Mon Dieu...

(*Le Recueil des plus belles chansons de danses*,
Caen, 1615.)

AS-TU POINT VU ROUGE-NEZ...

As-tu point vu rouge-nez,
Le maître des ivrognes ?

Mon père m'y veut marier
  As-tu point vu rouge-nez,
En un vieillard m'y veut donner
  Il pleut, il vente, il tonne.
  As-tu point vu rouge-nez.
  Le maître des ivrognes ?

En un vieillard m'y veut donner
Qui n'a ni maille ni denier,

Qui n'a ni maille ni denier,
Fors un bâton de vert pommier.

Fors un bâton de vert pommier
De quoy il me bât les côtés.
  Il pleut, il vente...

(Recueil des plus belles chansons des comédiens français,
Caen, vers 1620.)

QUAND J'ÉTAIS CHEZ MON PÈRE

Quand j'étais chez mon père,
Fillette de quatorze ans,
L'on m'envoyait à l'herbette,
Mes moutons j'allais gardant.
Brunette, allons, gai, gai.
Brunette, allons gaiement.

J'étais encor trop jeunette,
Je m'assis en passant temps ;
Par le bout de ma pâture
Passa deux gentils galants.

— Dieu vous gard, la belle !
Combien gagnez-vous par an ?
— Par ma foi, mon gentilhomme,
Je ne gagne que six blancs.

— Que six blancs, Vierge Marie !
Vous dussiez gagner dix francs.

(Le Recueil des plus belles chansons de danses,
Caen, 1615.)

SUS, DEBOUT,
LA MERVEILLE DES BELLES !

1614

Sus, debout, la merveille des belles !
Allons voir sur les herbes nouvelles
Luire un émail dont la vive peinture
Défend à l'art d'imiter la nature.

L'air est plein d'une haleine de roses,
Tous les vents tiennent leurs bouches closes ;
Et le soleil semble sortir de l'onde
Pour quelque amour plus que pour luire au monde.

On dirait, à lui voir sur la tête
Ses rayons comme un chapeau de fête,
Qu'il s'en va suivre en si belle journée
Encore un coup la fille de Pénée.

Toute chose aux délices conspire,
Mettez-vous en votre humeur de rire ;
Les soins profonds d'où les rides nous viennent
A d'autres ans qu'aux vôtres appartiennent.

Il fait chaud ; mais un feuillage sombre
Loin du bruit nous fournira quelque ombre,
Où nous ferons parmi les violettes
Mépris de l'ambre et de ses cassolettes.

Près de nous sur les branches voisines
Des genêts, des houx et des épines,
Le rossignol, déployant ses merveilles,
Jusqu'aux rochers donnera des oreilles.

Et peut-être à travers les fougères
Verrons-nous, de bergers à bergères,
Sein contre sein et bouche contre bouche
Naître et finir quelque douce escarmouche.

C'est chez eux qu'Amour est à son aise ;
Il y saute, il y danse, il y baise,
Et foule aux pieds les contraintes serviles
De tant de lois qui le gênent aux villes.

O qu'un jour mon âme aurait de gloire
D'obtenir cette heureuse victoire,
Si la pitié de mes peines passées
Vous disposait à semblables pensées !

Votre honneur, le plus vain des idoles,
Vous remplit de mensonges frivoles :
Mais que l'esprit que la raison conseille,
S'il est aimé, ne rend point la pareille ?

Malherbe.

CHANSON CHANTÉE AU BALLET DU TRIOMPHE DE PALLAS (1)

1615

Cette Anne si belle,
Qu'on vante si fort,
Pourquoi ne vient-elle ?
Vraiment elle a tort.

Son Louis soupire
Après ses appas ;
Que veut-elle dire
De ne venir pas ?

S'il ne la possède
Il s'en va mourir ;
Donnons-y remède,
Allons la querir.

Assemblons, Marie,
Ses yeux à vos yeux :
Notre bergerie
N'en vaudra que mieux.

Hâtons le voyage ;
Le siècle doré
En ce mariage
Nous est assuré.

MALHERBE.

(1) A l'occasion du mariage de Louis XIII avec Anne d'Autriche. — Voir la musique au supplément.

AIR A BOIRE

Alexandre, dont le nom
　　A rempli la terre,
N'aimait pas tant le canon
　　Qu'il faisait le verre.
Si le grand Mars des guerriers
S'est acquis tant de lauriers,
　　Que devons-nous faire
　　Sinon de bien boire !

La mer Rouge en sa couleur
　　En baillait à croire ;
Pharaon, mauvais buveur,
　　Eut envie d'en boire ;
Moïse fut bien plus fin,
Il vit que ce n'était vin :
　　Il la passa toute
　　Sans en boire goutte.

Le bonhomme Gédéon
　　Faisait des merveilles,
Aussi n'usait sédition,
　　Rien que de bouteilles ;
Servons-nous donc aujourd'hui
De bouteilles comme lui,
　　Et faisons la guerre
　　A grands coups de verre.

Samson, au vieil Testament,
　　Acquit de la gloire,
Ne se servant seulement
　　Que de la mâchoire.
Mangeons doncques hardiment,
　　Ce serait opprobre
　　D'être toujours sobre.

Loth, qui fut homme de bien,
    Se plaisait à boire,
Dieu ne lui en disait rien,
    Il le laissait faire,
Et puis, quand il était saoul,
Il s'endormait comme nous,
    Dans une caverne,
    Près de la taverne.

Noé, pendant qu'il vivait,
    Patriarche digne,
Savait bien comme on buvait
    Du fruit de la vigne ;
De peur qu'il ne bût de l'eau,
Dieu lui fit faire un bateau
    Pour trouver refuge
    Au temps du déluge.

(Parnasse des Muses, 1627.)

LES SAVETIERS

Les savetiers de la savatterie
A Saint-Pierre-aux liens faisant leur confrérie
Dedans l'église sont entrés deux à deux.
    Place à Messieurs.

Des procureurs assis dedans leurs places,
Les voyant venir faisant laides grimaces
Disent à leurs clercs : Que demandent ces gueux?
    Place à Messieurs.

Les femmes ont dit : voilà grand' diablerie
De toujours parler de la savatterie.
Ces procureurs ne se passent point d'eux.
    Place à Messieurs.

Et quand ce vint à aller à l'offrande,
Maistre Guillaume est sorti de sa bande
Disant aux jeunes : laissez passer les vieux,
    Place à Messieurs.

Maistre Tobie reconnu bien capable
D'aller aux Trois Maillets faire dresser la table,
Car des procès il est solliciteux ;
    Place à Messieurs.

Et quand ce vint à sortir de Saint-Pierre,
Aux Trois Maillets ils ont couru grand erre (1)
Et le bedeau qui marchait devant eux :
    Place à Messieurs.

Bien altérés ils ont fait leur entrée,
Pour premiers mets des cardes, de poirée,
Des pois au lard on leur mit devant eux.
    Place à Messieurs.

(1) En grande hâte.

Après suivaient le boudin et l'andouille
De gros navets et des plats de citrouille,
Les aloyaux y étaient deux à deux.
  Place à Messieurs.

Les pieds de porc, les grouins et les oreilles
Dans ce festin leur semblaient des merveilles,
C'étaient leurs mets les plus délicieux.
  Place à Messieurs.

Les raves étaient à deux doubles la botte,
Il y avait cinq ou six carottes,
Ragoût du tout réservé pour les vieux.
  Place à Messieurs.

Voilà de quoi fut composée la fête,
Mais le dessert y était plus honnête ;
Car le fromage y était tout véreux.
  Place à Messieurs.

Marrons pourris, poires et pommes molles,
En les mangeant ils semblaient de la colle,
Car leurs mentons en étaient tout baveux ;
  Place à Messieurs.

Le vin clairet à trois sols ou à quatre ;
Il en fut bu jusques à deux cents quartes ;
Si ivres étaient qu'il leur ressort des yeux.
  Place à Messieurs.

Ils sont sortis lorsqu'on ne voyait goutte ;
De son logis chacun a pris la route ;
Minuit était avant qu'être chez eux.
  Place à Messieurs.

Ceux qui ont fait cette chanson jolie
Étaient présents à cette confrérie,
Et au festin allèrent avec eux.
  Place à Messieurs.

(*Le Nouveau Entretien des bonnes compagnies*, 1635.)

CHANSON POUR NINON

Air : *Petite fronde* ou *De tous les Capucins du monde.*

Malgré ma maudite Luette,
Qui rend ma Muse un peu muette,
Puisque l'adorable Ninon
Trouve bon qu'on chante en Carême,
Je ne lui dirai jamais non :
Plût à Dieu qu'elle en fît de même !

BLOT.

LES TROIS PRÉSENTS

Air du *Prévôt des marchands.*

Je vous donne, avec grand plaisir,
De trois présents un à choisir :
La belle, c'est à vous de prendre
Celui des trois qui plus vous duit (1) ;
Les voici, sans vous faire attendre :
Bonjour, bonsoir et bonne nuit.

SARASIN.

(1) Plaît.

JE SUIS NÉ POUR LE PLAISIR

Je suis né pour le plaisir,
  Bien fou qui s'en passe :
Mais je ne puis le choisir ;
Souvent le choix m'embarrasse.
Aime-t-on, j'aime soudain :
Boit-on, j'ai le verre en main.
  Je tiens partout ma place.

Dormir est un temps perdu,
  Bien fou qui s'y livre.
Sommeil, prends ce qui t'est dû,
Mais attends que je sois ivre.
Saisis-moi dans ce moment,
Fais-moi dormir promptement,
  Je suis pressé de vivre.

Mais si quelque objet charmant,
  Dans un songe aimable,
Vient du plaisir séduisant
M'offrir l'image agréable,
Sommeil, allons doucement,
L'erreur est, en ce moment,
  Un plaisir véritable.

HAGUENIER

SI L'AMOUR EST UN DOUX SERVAGE

Si l'amour est un doux servage,
Si l'on ne peut trop estimer
Les plaisirs où l'amour engage,
Qu'on est sot de ne pas aimer !

Mais si l'on se sent enflammer
D'un feu dont l'ardeur est extrême,
Et qu'on n'ose pas l'exprimer,
Qu'on est sot alors que l'on aime !

Si, dans la fleur de son bel âge,
Femme, bien faite pour charmer,
Vous donne son cœur en partage,
Qu'on est sot de ne pas aimer !

Mais s'il faut toujours s'alarmer,
Craindre, rougir, devenir blême,
Aussitôt qu'on s'entend nommer,
Qu'on est sot alors que l'on aime !

Pour complaire au plus beau visage
Qu'Amour puisse jamais former,
S'il ne faut rien qu'un doux langage,
Qu'on est sot de ne pas aimer !

Mais quand on se voit consumer,
Si la belle est toujours de même,
Sans que rien la puisse animer,
Qu'on est sot alors que l'on aime !

MARIGNY.

CHANSON A MANGER

Quand j'ai bien faim et que je mange
Et que j'ai bien de quoi choisir,
Je ressens autant de plaisir
Qu'à gratter ce qui me démange.
Cher ami, tu m'y fais songer :
Chacun fait des chansons à boire,
Et moi, qui n'ai plus rien de bon que la mâchoire
Je n'en veux faire qu'à manger.

Quand on se gorge d'un potage
Succulent comme un consommé,
Si notre corps en est charmé,
Notre âme l'est bien davantage.
Aussi Satan, le faux glouton,
Pour tenter la femme première,
N'alla pas lui montrer du vin ou de la bière,
Mais de quoi branler le menton.

Quatre fois l'homme de courage
En un jour peut manger son saoul ;
Le trop boire peut faire un fou
De la personne la plus sage.
A-t-on vuidé mille tonneaux ?
On n'a bu que la même chose ;
Au lieu qu'en un repas on peut doubler la dose
De mille différents morceaux.

SCARRON.

ENFIN LA CHARMANTE LISETTE

Air : Le jeune berger qui m'engage.

Enfin la charmante Lisette,
Sensible à mon cruel tourment,
A bien voulu dessus l'herbette
M'accorder un heureux moment.

Pressé d'une charge si belle,
Tendre gazon, relevez-vous :
Il ne faut qu'une bagatelle
Pour alarmer mille jaloux.

Quinault.

BEAU SEXE,
OU TANT DE GRACE ABONDE...

Beau sexe, où tant de grâce abonde,
Vous charmez la moitié du monde :
Aimez, aimez, mais d'un amour couvert,
Qui ne soit jamais sans mystère.
Ce n'est pas l'amour qui vous perd, } *Bis.*
C'est la manière de le faire.

Bussy-Rabutin.

CHANSON POUR MADAME D'HERVART
1687

Sur l'air des *Folies d'Espagne.*

On languit, on meurt près de Sylvie :
C'est un sort dont les rois sont jaloux,
Si les dieux pouvaient perdre la vie,
Dans vos fers ils mourraient comme nous.

Soupirant pour un si doux martyre,
A Vénus ils ne font plus la cour ;
Et Sylvie accroîtra son empire
Des autels de la mère d'Amour.

Le printemps paraît moins jeune qu'elle ;
D'un beau jour la naissance rit moins :
Tous les yeux disent qu'elle est plus belle,
Tous les cœurs en servent de témoins.

Ses refus sont si remplis de charmes,
Que l'on croit recevoir des faveurs :
La douceur est celle de ses armes
Qui se rend la plus fatale aux cœurs.

Tous les jours entrent à mon service
Mille Amours, suivis d'autant d'amants :
Chacun d'eux, content de son supplice,
Avec soin lui cache ses tourments.

Sa présence embellit nos bocages ;
Leurs ruisseaux sont enflés par mes pleurs :
Trop heureux d'arroser des ombrages
Où ses pas ont fait naître des fleurs.

L'autre jour, assis sur l'herbe tendre,
Je chantais son beau nom dans ces lieux ;
Les zéphyrs, accourant pour l'entendre,
Le portaient aux oreilles des dieux.

Je l'écris sur l'écorce des arbres ;
Je voudrais en remplir l'univers.
Nos bergers l'ont gravé sur des marbres
Dans un temple, au-dessus de mes vers.

C'est ainsi qu'en un bois solitaire
Lycidas exprimait son amour.
Les échos, qui ne sauraient se taire,
L'ont redit aux bergers d'alentour.

La Fontaine

LE GOUTTEUX

Sur l'air des Cloches.

Quel chagrin ! quel ennui
De compter toute la nuit
Les heures, les heures, les heures.

De moment en moment
Réveillant de Saint-Mexant,
Pour dire, pour dire, pour dire :

Le genou, le jarret,
La main gauche, le poignet,
L'épaule, l'épaule, l'épaule.

De remède, en sait-on ?
Je tiens tout onguent miton,
Mitaine, mitaine, mitaine.

Coulange.

CHANSON SUR LES MODES

Sur l'air du *Confiteor*.

Je trouve que les jeunes gens
Aujourd'hui prennent trop leurs aises.
Chez les dames au bon vieux temps
Prenaient-ils les meilleures chaises,
Et les voyait-on renversés,
Les jambes, les genoux croisés ?

La perruque en ce temps ici
Qu'on ôte dès qu'elle incommode ;
Et le tabac qui, Dieu merci,
Est devenu fort à la mode,
Font qu'ils se montrent sans cheveux
Et barbouillés jusques aux yeux.

Un homme incivil et grossier,
Qui souvent vous rompt en visière,
Qui vous dit des mots de chartier (1),
Est approuvé dans sa manière,
Et passe pour avoir du Ciel
Le talent d'esprit naturel.

Le jeu, le vin et cetera
A gâté toute la jeunesse,
Les Infantes de l'Opéra
Ont dégoûté de la tigresse,
La politesse de la cour
Venait d'un plus parfait amour.

La femme d'un autre côté
A pris part au libertinage,
Et s'est par son habileté
Soustraite au fâcheux esclavage

(1) Charretier.

De tous les habits contraignants
Que l'on portait en certain temps.

Le corps de jupe est aboli,
La collerette est supprimée,
Le grand habit noir est banni,
La robe est la plus négligée,
Et l'on dirait que les amours
Prennent soin de tous les atours.

L'on voit que l'écharpe aujourd'hui,
Dont la mode est bien établie,
Passe dans la maison d'autrui
Pour habit de cérémonie,
On ne se fait plus un devoir
De visiter en habit noir.

Même la femme sans façon,
Depuis janvier jusqu'en décembre,
Va, vient, et sort de la maison
Très souvent en mules de chambre,
Et prête à tout événement
Semble attendre un heureux moment.

Le lansquenet n'était connu
Jadis que des laquais et pages,
Maintenant il est devenu
Le jeu des folles et des sages,
On y querelle, on parle haut
Et c'est la cour du Roi Pétaud.

La femme décide du vin,
Sait où le meilleur se débite,
Elle se pique de goût fin ;
Elle s'en fait un grand mérite,
Le vin relève ses appas,
Les canapés sont à deux pas.

Veut-elle chercher ses amis,
Aller où son plaisir l'appelle,
On la voit courir tout Paris
Sans écuyer, sans demoiselle,

Et reste avec beaucoup de soin
Chez elle et sans aucun témoin.

Elle tire négligemment
Du tabac de sa tabatière,
C'est un petit amusement,
C'est un air, c'est une manière :
Si les maris en sont contents,
Vive la mode de ce temps.

COULANGE.

LA FABLE ENTRE MILLE PLAISIRS

La Fable, entre mille plaisirs,
Et mille flots badins conduits par des Zéphirs,
Fit naître une Vénus de l'écume de l'Onde.
Que la Grèce murmure, ou que la Fable gronde,
    La Champagne, le verre en main,
A l'aspect des Pressoirs que sa liqueur inonde,
L'a fait naître aujourd'hui de la mousse du vin.

LAINEZ.

EN VAIN JE BOIS...

Air : *Un inconnu pour vos charmes soupire.*

En vain je bois pour calmer mes alarmes,
Et pour chasser l'amour qui m'a surpris :
    Ce sont des armes
    Pour mon Iris.
Le vin me fait oublier ses mépris,
Et m'entretient seulement de ses charmes.

LA FARE.

LA JALOUSIE

Vous êtes fille de l'Amour
    Cruelle jalousie :
Mais hélas ! vos soupçons font languir nuit et jour
    Sitôt que l'âme en est saisie.

    Sans vos soins ennuyeux,
    L'amour serait tranquille :
    Votre père est sans yeux, } *Bis.*
    Et vous en avez mille.

CHAULIEU.

POUR MADEMOISELLE L...

Vainement je cherche quel crime
Rend votre courroux légitime
L'Amour contre vous me défend.
Qu'ai-je dit ? ou qu'ai-je pu faire ?
Mais je ne puis être innocent,
Puisque enfin j'ai su vous déplaire.

En vain l'Amour me justifie ;
Je traine une odieuse vie :
Heureux si je perdais le jour !
Que me sert-il, dans ma tristesse,
D'être si bien avec l'Amour
Et si mal avec ma maitresse ?

REGNARD.

POUR MESDEMOISELLES LOYSON [1]

1702

Pour la Doguine
Qu'un autre se laisse enflammer ;
Si je n'avais point vu Tontine
Je pourrais me laisser charmer
Par la Doguine.

Ou brune ou blonde,
Tontine charme également ;
Et, pour contenter tout le monde,
Elle est alternativement
Ou brune ou blonde.

Sur son visage
Mille petits trous pleins d'appas
Des Amours sont le tendre ouvrage,
Sans compter ceux qu'on ne voit pas
Sur son visage.

Sa belle bouche
Est pleine de ris et d'attraits ;
Elle ne dit rien qui ne touche :
L'Amour a choisi pour palais
Sa belle bouche.

Sa gorge ronde
Est de marbre, à ce que je croi ;
Car mortel encor dans le monde
N'a vu que des yeux de la foi
Sa gorge ronde.

[1] Dans leur société, l'aînée s'appelait Doguine; la cadette, Tontine.

Qu'elle est charmante
Avec les accents de sa voix !
Ou quand une corde touchante
Parle tendrement sous ses doigts,
　　　Qu'elle est charmante !

　　　De la Doguine
Je veux célébrer les attraits ;
Elle est digne sœur de Tontine :
Ami, verse-moi du vin frais
　　　Pour la Doguine.

　　　Qu'elle est aimable,
Quand Bacchus la tient sous ses lois !
Mais, bien qu'elle triomphe à table,
L'Amour ne perd rien de ses droits.
　　　Qu'elle est aimable !

　　　Tous, à la ronde,
Vidons ce verre que voilà ;
C'est à cette charmante blonde :
Peut-être elle nous aimera
　　　Tous, à la ronde.

REGNARD.

QUATRE BEAUX YEUX...

Quatre beaux yeux m'ont su charmer,
Ah ! mon mal ne vient que d'aimer.
Deux sœurs que je n'ose nommer (1)
　　Me tournent la cervelle.
Ah ! mon mal ne vient que d'aimer :
　　Mais je ne sais laquelle.

FONTENELLE.

(1) Les demoiselles Loyson, dont il est question dans la chanson précédente.

RÉVEILLEZ-VOUS, BELLE DORMEUSE

Air : Réveillez-vous, belle endormie.

Réveillez-vous, belle dormeuse,
Si ce baiser vous fait plaisir ;
Mais si vous êtes scrupuleuse,
Dormez, ou feignez de dormir.

Craignez que je ne vous éveille,
Favorisez ma trahison :
Vous soupirez, votre cœur veille,
Laissez dormir votre raison.

Pendant que la raison sommeille,
On aime sans y consentir ;
Pourvu qu'Amour ne la réveille,
Qu'autant qu'il faut pour le sentir.

Si je vous apparais en songe,
Profitez d'une douce erreur ;
Goûtez le plaisir du mensonge,
Si la vérité vous fait peur.

DUFRESNY.

PAR UN MATIN S'EST LEVÉE

Par un matin s'est levée
La petite Jeanneton ;
Elle a pris sa faucillette
Pour aller couper du jonc.
*Hélas ! pourquoi s'endormait-elle,
La petite Jeanneton ?*

Elle a pris sa faucillette
Pour aller couper du jonc :
Et quand son fagot fut fait
S'endormit sur le gazon.
Hélas ! pourquoi....

Et quand son fagot fut fait
S'endormit sur le gazon ;
Par son chemin sont passés
Trois beaux et jeunes garçons.
Hélas ! pourquoi....

Et par ici sont passés
Trois beaux et jeunes garçons.
Le premier la regarda
D'une tant bonne façon.
Hélas ! pourquoi....

Le premier la regarda
D'une tant bonne façon ;
Le second fut plus hardi,
Mit la main sous le menton ;
Hélas ! pourquoi....

Le second fut plus hardi,
Mit la main sous le menton ;
Ce que fit le troisième
N'est pas mis dans la chanson.
Hélas ! pourquoi....

Ce que fit le troisième
N'est pas mis dans la chanson.
C'est à vous, mesdemoiselles,
D'en deviner la raison.
Hélas ! pourquoi....

(*Brunettes ou petits airs tendres*, 1703.)

AH! MON BEAU LABOUREUR

Ah ! mon beau laboureur ! (*bis*)
Beau laboureur de vigne,
   O lire, o lire
Beau laboureur de vigne, *o lire, o la.*

N'a vous pas vu passer
Marguerite ma mie ?
   O lire, o lire,
Marguerite ma mie, *o lire, o la.*

Je don'rais cent écus
Qui dirait où est ma mie,
   O lire, o lire,
Qui dirait où est ma mie, *o lire, o la*

Monsieur, comptez-les là,
Entrez en notre vigne,
   O lire, o lire,
Entrez en notre vigne, *o lire, o la.*

Dessous un prunier blanc
La belle est endormie,
   O lire, o lire,
La belle est endormie, *o lire, o la.*

Je la poussai trois fois
Sans qu'elle osât mot dire,
   O lire, o lire,
Sans qu'elle osât mot dire, *o lire, o la.*

La quatrième fois
Son petit cœur soupire
   O lire, o lire,
Son petit cœur soupire, *o lire, o la.*

Pour qui soupirez-vous,
Marguerite, ô ma mie,
   O lire, o lire,
Marguerite, ô ma mie, *o lire, o la*?

Je soupire pour vous
Et ne m'en puis dédire,
   O lire, o lire,
Et ne m'en puis dédire, *o lire, o la.*

Les voisins nous ont vus
Et ils iront tout dire,
   O lire, o lire,
Et ils iront tout dire, *o lire, o la.*

Laissons les gens parler
Et n'en faisons que rire,
   O lire, o lire,
Et n'en faisons que rire, *o lire, o la.*

Quand ils auront tout dit
N'auront plus rien à dire,
   O lire, o lire,
N'auront plus rien à dire, *o lire, o la.*

(*Brunettes ou petits airs tendres,* 1704.)

MON PERE M'Y A MARIÉE

Mon père m'y a mariée ;
J'entends le moulin taqueter.
Un vieux meunier il m'a donné ;
Hélas! mon Dieu, est-ce ce qu'il me faut ?
J'entends le moulin, tique-tique-taque,
J'entends le moulin taqueter.

Un vieux meunier il m'a donné.
Par la rue passe un boulanger.
Belle, veux-tu moudre mon blé ?
Ouidà, monsieur, je le moudrai.
M'a pris, m'a mené voir le blé.
Longtemps je l'ai fait marchander.

Longtemps je l'ai fait marchander,
J'entends le moulin taqueter
Mais je n'ai point conclu d'marché ;
Hélas! mon Dieu, plus qu'il m'en donne il faut,
J'entends le moulin, tique-tique-taque,
J'entends le moulin taqueter.

(Brunettes ou petits airs tendres, 1711.)

AU JARDIN DE MON PÈRE

Au jardin de mon père
Un pommier il y a,
Les feuilles en sont vertes,
Le fruit en est doux.
Jean, Jean, vous ne dormez guères,
Jean, Jean, vous ne dormez pas.
Jean, ce sont vos rats
Qui font que vous ne dormez guères ;
Jean, ce sont vos rats
Qui font que vous ne dormez pas.

Trois jeunes pucelles
Ont été dessous.

Ce dit la plus jeune :
— Je crois qu'il est jour

Ce dit la seconde :
— Ce n'est pas le tout.

Ce dit la troisième :
— C'est mon ami doux ;

Il est en campagne,
Il reviendra un jour.

S'il gagne bataille,
Il aura mes amours ;

Qu'il perde ou qu'il gagne
Il les aura toujours.

(Recueil des plus belles chansons et airs de court, 1715.)

MARGOTON VA A L'EAU

Margoton va à l'eau
Avecque son cruchon ;
La fontaine était creuse,
Elle est tombée au fond.
Ahïe, ahïe, ahïe, ahïe !
  Ce dit Margoton.

La fontaine était creuse,
Elle est tombée au fond.
Par là ils passèrent
Trois beaux jeunes garçons.
Ahïe, etc.

Que don'rez-vous, la belle,
Nous vous retirerons ?
Ahïe, etc.

J'ai dedans ma pochette
Quelques demi-testons.
Ahïe, etc.

Ce n'est pas là, la belle,
Ce que nous vous voulons.
Ahïe, etc.

La prirent, la menèrent
Dessus le vert gazon.
Ahïe, etc.

Et puis ils lui apprirent
Trois fois la chanson.
Ahïe, etc.

(*Brunettes ou petits airs tendres,* 1711.)

C'EST LA BERGÈRE NANNETTE

C'est la bergère Nannette,
Qui pleurait et soupirait,
Quand elle entendait sa mère
Qui sans cesse lui disait :
Marions-ci, marions-ça,
Et jamais marions-la.

Suis-je pas bien misérable
De passer ainsi mon temps ?
Soit aux champs, soit à la table,
On me dit incessamment :
Marions-ci, marions-ça,
Et jamais marions-la.

Tous les jours il faut que j'aille
Mener paître les moutons,
Et quand je suis revenue
L'on me dit cette chanson :
Marions-ci, marions-ça,
Et jamais marions-la.

Or je vous supplie, ma mère,
Pour une dernière fois,
Que si vous aimez Nannette
Vous redisiez désormais :
Marions-ci, marions-ça,
Mais dites : marions-la.

(*Brunettes ou petits airs tendres*, 1704.)

MON PÈRE ME VEUT MARIER

Mon père me veut marier, (bis)
Avec le plus joli berger,
   Je saute, je danse,
   Je vais en cadence
   Et je dis mes chansons, } Bis.
   Filant ma quenouillette
   En gardant mes moutons.

Avec le plus joli berger,
Un bracelet il m'a donné.
   Je saute, etc.

Un bracelet il m'a donné
Un demi-ceint d'argent doré.
   Je saute, etc.

Un demi-ceint d'argent doré
Avec l'agrafe à mon côté.
   Je saute, etc.

Avec l'agrafe à mon côté.
Un beau corset tout satiné.
   Je saute, etc.

Un beau corset tout satiné,
Le bavolet bien empesé.
   Je saute, etc.

Le bavolet bien empesé
Et la cotte de damassé.
   Je saute, etc.

Et la cotte de damassé,
Des cordons bleus à mes souliers.
Je saute, etc.

Des cordons bleus à mes souliers,
Voyez si j'ai lieu d'espérer.
Je saute, etc.

Voyez si j'ai lieu d'espérer
D'être sa fidèle moitié.
Je saute, etc.

D'être sa fidèle moitié
En vain on voudrait le tenter.
Je saute, etc.

En vain on voudrait le tenter
Ou par richesse ou par beauté.
Je saute, etc.

Ou par richesse ou par beauté.
Sans moi rien ne peut l'arrêter.
Je saute, etc.

Sans moi rien ne peut l'arrêter.
O qu'il est constant mon berger !
*Je saute, je danse,
Je vais en cadence
Et je dis mes chansons,* } *Bis.*
*Filant ma quenouillette
En gardant mes moutons.*

(*Brunettes ou petits airs tendres*, 1704.)

PETITE ABEILLE MÉNAGÈRE [1]

Petite abeille ménagère,
Si vous ne cherchez que des fleurs,
Approchez-vous de ma bergère,
Vous pouvez bien vous satisfaire :
Sa belle bouche a des douceurs
Que l'on ne trouve point ailleurs.

Pourquoi descendre dans la plaine,
Et chercher des fleurs dans les champs?
Pourquoi vous donner tant de peine?
Reposez-vous près de Climène,
Vous en trouverez en tout temps,
En hiver ainsi qu'au printemps.

Où trouver plus de fleurs écloses
Que sur le teint de ma Chloris?
En tout temps on y voit des roses
Qui font honte aux plus belles choses,
En tout temps on y voit des lys,
Dont ses attraits sont embellis.

Ah ! Dieu, que cette belle bouche
Fait goûter d'innocents plaisirs !
Sitôt qu'un tendre amour la touche,
Elle cesse d'être farouche,
Et fait connaître ses désirs
Par des baisers et des soupirs.

(*Brunettes*, 1703.)

[1] Voir la musique au supplément.

VOUS AVEZ BEAU VOUS DÉFENDRE

Vous avez beau vous défendre
De ce petit dieu d'Amour,
Il vous fera quelque jour
    Un mauvais tour,
Si vous tardez à vous rendre ;
Faites comme vous voudrez,
Tôt ou tard vous aimerez.

Sans faire la renchérie,
Philis, rendez-le content :
Bien qu'il ne soit qu'un enfant,
    Sachez pourtant
Qu'on doit craindre sa furie ;
Faites comme vous voudrez,
Tôt ou tard vous aimerez.

Quittez votre humeur mutine,
Rangez-vous de son côté :
Jamais nul n'a résisté,
    Qu'il n'ait dompté
Par sa puissance divine ;
Faites comme vous voudrez,
Tôt ou tard vous aimerez.

Si, malgré votre jeunesse,
Vous méprisez son ardeur :
Craignez, pour votre malheur,
    Que ce vainqueur
Dans vos vieux ans ne vous blesse.
Faites comme vous voudrez,
Tôt ou tard vous aimerez.

(Brunettes ou petits airs tendres, 1704.)

SUR LE BORD DE LA SEINE [1]

Sur le bord de la Seine
Me suis lavé les pieds :
D'une feuille de chêne
Me les suis essuyés ;
Que ne m'a-t-on donné
Celui que j'ai tant aimé!

D'une feuille de chêne
Me les suis essuyés ;
J'ai entendu la voix
D'un rossignol chanter.
Que ne, etc.

J'ai entendu la voix
D'un rossignol chanter.
Chante, rossignol, chante,
Tu as le cœur tant gai.
Que ne, etc.

Chante, rossignol, chante,
Tu as le cœur tant gai ;
Tu as le cœur tant gai
Et moi je l'ai navré ;
Que ne, etc.

Tu as le cœur tant gai
Et moi je l'ai navré ;
C'est de mon ami Pierre
Qui s'en est en allé ;
Que ne, etc.

[1] Voir la musique au supplément.

C'est de mon ami Pierre
Qui s'en est en allé ;
Je ne lui ai fait chose
Qui ait pu le fâcher.
Que ne, etc.

Je ne lui ai fait chose
Qui ait pu le fâcher,
Hors un bouquet de rose
Que je lui refusai ;
Que ne, etc.

Hors un bouquet de rose
Que je lui refusai ;
Au milieu de la rose
Mon cœur est enchaîné ;
Que ne, etc.

Au milieu de la rose
Mon cœur est enchaîné ;
N'y a serrurier en France
Qui puiss' le déchaîner ;
Que ne, etc.

N'y a serrurier en France
Qui puiss' le déchaîner,
Sinon mon ami Pierre
Qui en a pris la clef ;
Que ne, etc.

(*Brunettes ou petits airs tendres*, 1704.)

MA FILLE, VEUX-TU UN BOUQUET,

— Ma fille, veux-tu un bouquet (*bis*)
De marjolaine ou de muguet ? (*bis*)
— Non, non, non, ma mère, non,
Ce n'est point là ma maladie :
Gai, gai, quelle mère j'ai
Qui n'entend pas le bobo de sa fille ;
Gai, gai, quelle mère j'ai !
Qui n'entend pas le bobo que j'a !

— Ma fille, veux-tu un bonnet (*bis*)
De fine toile de Cambrai ? (*bis*)
— Non, non, non, ma mère, non.
Ce n'est point là ma maladie ;
Gai, gai, quelle mère j'ai
Qui n'entend pas le bobo de sa fille ;
Gai, gai, quelle mère j'ai
Qui n'entend pas le bobo que j'ai !

— Ma fille, veux-tu un mari (*bis*)
Qui soit bien fait, qui soit joli ? (*bis*)
— Oui, oui, oui, ma mère, oui ;
C'est bien là ma maladie,
Gai, gai, quelle mère j'ai !
Elle entend bien le bobo de sa fille ;
Gai, gai, quelle mère j'ai !
Elle entend bien le bobo que j'ai !

(*Brunettes*, 1703.)

MON PÈRE EST ALLÉ AUX CHAMPS...

Mon père est allé aux champs,
 Et ma mère à la noce ;
Ils m'ont bien recommandé
 De bien fermer la porte ;
Je vous la grin, grin, grin, grin,
 Je vous la gringole.

Ils m'ont bien recommandé
 De bien fermer la porte.
Car je l'ai barricadée,
 C'est d'une paille d'orge,

Car je l'ai barricadée,
 C'est d'une paille d'orge.
Mon ami est survenu
 Qui enfonça la porte,

Mon ami est survenu,
 Qui enfonça la porte ;
Il m'a prise, il m'a jetée
 Dessus la paille molle ;

Il m'a prise, il m'a jetée
 Dessus la paille molle.
Ma mère y est accourue
 Criant comme une folle :

Ma mère y est accourue
 Criant comme une folle :
Que fais-tu, méchant garçon ?
 Voilà ma fille morte ;

Que fais-tu, méchant garçon ?
 Voilà ma fille morte :
— Nenny, ma mère, nenny,
 Puisque je parle encore.

(*Rondes à danser*, 1724.)

CE SONT LES NAVETIÈRES
DE SAINT-GERMAIN DES PRÉS

Ce sont les navetières de Saint-Germain des Prés,
Qui s'en vont à la foire des navets acheter ;
    Gay, gay, gay, la rira dondaine,
    Gay, gay, gay, la rira dondé.

Qui s'en vont à la foire des navets acheter ;
Un matin dessous l'orme on les vit reposer ;

Un matin dessous l'orme on les vit reposer.
A l'instant il y passe un étalier boucher ;

A l'instant il y passe un étalier boucher.
Il a pris la plus jeune qui se laissa tomber.

Il a pris la plus jeune qui se laissa tomber.
Elle dit : Je vous en prie, qu'il n'en soit point parlé.

Elle dit : Je vous en prie, qu'il n'en soit point parlé.
Et bien si l'on en parle il en sera chanté.

Et bien si l'on en parle il en sera chanté
Aux quatre coins des rues, et dans chaque marché ;
    Gay, gay, gay, la rira dondaine,
    Gay, gay, gay, la rira dondé.

(*Rondes à danser*, 1724.)

ME SUIS LEVÉE PAR UN MATIN

Me suis levée par un matin,
  Amour, tu n'entends point,
M'en suis allée dans mon jardin ;
  Vive l'amour de ma maîtresse,
  Amour tu n'entends point,
  Le bout de la rue qui fait le coin.

M'en suis allée dans mon jardin
Pour y cueillir le romarin,

Pour y cueillir le romarin.
Je n'en eus pas cueilli trois brins,

Je n'en eus pas cueilli trois brins
Que le doux rossignol y vint,

Que le doux rossignol y vint
Qui me disait en son latin,

Qui me disait en son latin :
Fille, croyez-moi, n'aimez point ;

Fille, croyez-moi, n'aimez point,
Car les garçons ne valent rien,

Car les garçons ne valent rien
Et les hommes encore moins.

(*Rondes à danser*, 1724.)

QUAND COLIN REVINT DU BOIS

Quand Colin revint du bois avec sa serpe,
Il trouva sa femme au lit en cotte verte ;
   C'en que tu veux, Jeannette,
   C'en que tu veux, je veux.

Il trouva sa femme au lit en cotte verte.
Et que diable donc est ceci, mamour Jeannette ?

Et que diable donc est ceci, mamour Jeannette ?
C'est ton cousin tout germain de par ta mère,

C'est ton cousin tout germain de par ta mère.
Qu'en chère lui ferons-nous, mamour Jeannette ?

Qu'en chère lui ferons-nous, mamour Jeannette ?
Donnerons chapon rôti, pâté de lièvre ;

Donnerons chapon rôti, pâté de lièvre.
Hélas ! où couchera-t-il, mamour Jeannette ?

Hélas ! où couchera-t-il, mamour Jeannette ?
Il couchera au grand lit, et moi avecque ;

Il couchera au grand lit, et moi avecque ;
Et moi, où coucherai-je, mamour Jeannette ?

Et moi où coucherai-je, mamour Jeannette ?
Tu coucheras à l'étable avec les chèvres.

                                 (*Rondes à danser*, 1724.)

ROBINET FIT LA LESSIVE

Robinet fit la lessive,
Par un matin qu'il pleuvait;
Il la coule, il la lave,
La porte même au séchoir;
Faites tretous pour vos femmes
Ainsi que fait Robinet.

Il revint à son ménage
Pour bercer l'enfant qui brait.

Un jour Robinet s'avise
Qu'il en avait par trop fait.

Il a pris une houssine,
Dessus sa femme frappait.

Eh! quoi, madame la bête,
Serai-je toujours valet?

Eh! quoi, madame la bête,
Serai-je toujours valet?
Vraiment, je serai le maître
Ou bien vous direz pourquoi.
Faites tretous pour vos femmes
Ainsi que fait Robinet.

(Rondes, 1724.)

QUI PREND TROP VITE FEMME

Qui prend trop vite femme
Peste après dans son âme.
La nuit et le jour,
Vive la jeunesse,
Qui ne vit que d'amour.

N'en prenez point de brune,
Car elle est trop commune.

N'en prenez point de blonde ;
Elle aime tout le monde.

N'en prenez point de rousse,
Car trop elle trémousse.

N'en prenez point de grande,
Car elle est trop friande.

Évitez la petite,
Trop grand est son mérite.

N'en prenez point de grosse,
Ce n'est qu'un vrai colosse.

N'en prenez point de maigre,
Elle a le cœur trop aigre.

N'en prenez point de grasse,
On trouve trop de crasse.

Évitez la menue,
Car trop elle remue.

Fuyez la babillarde,
Car trop elle hasarde.

Évitez la sournoise
Qui cherche toujours noise.

Fuyez la fainéante,
Qui n'est jamais contente.

Évitez la coquette
Qui cherche un tête-à-tête.

Fuyez la précieuse,
Car elle est trop quinteuse.

Évitez la bigotte
Qui sans cesse ragotte.

Ne prenez point de prude,
Elle a l'esprit trop rude.

Evitez l'ivrognesse ;
Elle a trop d'hardiesse.

Ne prenez point d'avare,
Son intérêt l'égare.

Evitez l'étourdie,
Elle ferait folie.

Fuyez une joueuse,
Elle est toujours tricheuse.

Fuyez une prodigue,
Elle aime trop l'intrigue.

Fuyez une savante,
Elle est trop méprisante.

Prenez de ces brunettes,
Elles sont joliettes.

(*Les rondes et chansons à danser*, 1724.)

LE JUIF ERRANT

Est-il rien sur la terre
Qui soit plus surprenant
Que la grande misère
Du pauvre Juif errant ?
Que son sort malheureux
Parait triste et fâcheux !

Des bourgeois de la ville
De Bruxelle en Brabant,
D'une façon civile
L'accostèrent en passant.
Jamais ils n'avaient vu
Un homme si barbu.

Son habit tout difforme
Et très mal arrangé
Leur fit croire que cet homme
Était fort étranger,
Portant comme ouvrier
Un simple tablier.

Ils lui dirent : « Bonjour, maître,
De grâce accordez-nous
La satisfaction d'être
Un moment avec vous :
Ne nous refusez pas,
Retardez donc vos pas.

— Messieurs, je vous proteste
Que j'ai bien du malheur ;
Jamais je ne m'arrête
Ni ici, ni ailleurs:
Par beau ou mauvais temps,
Je marche incessamment.

— Entrez dans cette auberge,
Vénérable vieillard,
D'un pot de bière fraîche
Vous prendrez votre part :
Nous vous régalerons
Du mieux que nous pourrons.

— J'accepterais de boire
Plus d'un coup avec vous,
Mais je ne puis m'asseoire,
Je dois rester debout :
Je suis en vérité
Confus de vos bontés.

— De connaître votre âge
Nous sommes curieux,
A voir votre visage,
Vous paraissez fort vieux :
Vous avez bien cent ans,
Vous montrez bien autant.

— La vieillesse me gêne,
J'ai bien dix-huit cents ans,
Chose sûre et certaine,
Je passe encore trente ans :
J'avais douze ans passés,
Quand Jésus-Christ est né.

— N'êtes-vous pas cet homme
De qui l'on parle tant,
Que l'Écriture nomme
Isaac le Juif errant ?
De grâce, dites-nous
Si c'est sûrement vous ?

— Isaac Laquedem
Pour nom me fut donné,
Né dans Jérusalem,
Ville bien renommée :
Oui, c'est moi, mes enfants,
Qui suis le Juif errant.

Juste ciel ! que ma ronde
Est pénible pour moi !
Je fais le tour du monde
Pour la cinquième fois :
Chacun meurt à son tour,
Et moi je vis toujours.

Je traverse les mers,
Les rivières, les ruisseaux,
Les forêts, les déserts,
Les montagnes, les coteaux,
Les plaines et les vallons,
Tous chemins me sont bons.

J'ai vu dedans l'Europe,
Ainsi que dans l'Asie,
Des batailles et des chocs
Qui coûtaient bien des vies :
Je les ai traversés
Sans y être blessé.

J'ai vu dans l'Amérique,
C'est une vérité,
Ainsi que dans l'Afrique,
Grande mortalité :
La mort ne me peut rien,
Je m'en aperçois bien.

Je n'ai point de ressource,
Je n'ai maison ni bien,
J'ai cinq sous dans ma bourse,
Voilà tout mon moyen :
En tous lieux, en tous temps,
J'en ai toujours autant.

— Nous pensions comme un songe
Le récit de vos maux,
Nous traitions de mensonge
Tous vos plus grands travaux :
Aujourd'hui nous voyons
Que nous nous méprenions.

Vous êtes donc coupable
De quelque grand péché,
Pour que Dieu tout aimable
Vous ait tant affligé :
Dites-nous l'occasion
De cette punition.

— C'est ma cruelle audace
Qui cause mon malheur ;
Si mon crime s'efface
J'aurai bien du bonheur :
J'ai traité mon Sauveur
Avec trop de rigueur.

Allant sur le Calvaire,
Jésus, avec sa croix,
Me dit en débonnaire,
Passant devant chez moi :
Veux-tu bien, mon ami,
Que je repose ici ?

Moi, cruel et rebelle,
Je lui dis sans raison :
Pars, âme criminelle,
De devant ma maison :
Avance et marche donc,
Car tu me fais affront.

Jésus, la bonté même,
Me dit en soupirant :
Tu marcheras toi-même
Pendant plus de mille ans :
Le dernier jugement
Finira ton tourment.

De chez moi, à l'heure même,
Je sortis bien chagrin,
Avec douleur extrême
Je me mis en chemin :
Dès ce jour-là je suis
En marche jour et nuit.

Messieurs, le temps me presse,
Adieu la compagnie,
Et pour vos politesses,
Je vous en remercie :
Je suis trop tourmenté
Quand je suis arrêté.

(Cette légende, née au moyen âge, paraît avoir revêtu la forme ci-dessus vers la fin du XVIIe siècle.)

XVIIIe SIÈCLE

Les tendances si diverses qui se partagent l'âme française au XVIIIe siècle s'expriment avec une curieuse netteté dans la chanson. A l'époque de la Régence nous assistons à une énorme floraison de chansons bachiques ou galantes, célébrant tour à tour ou en même temps le vin et les amours faciles. Sans doute l' « air à boire » existait bien avant ; c'était depuis longtemps un genre essentiellement français. Mais il devient alors plus fréquent que jamais, et surtout il prend une légèreté et parfois une élégance tout à fait caractéristiques. Et quand il se corse de galanterie, quand il y apparaît quelque « bergère ivre », nous avons cette étrange espèce de chanson que les recueils du temps désignent couramment sous le nom de *tendresse bachique.*

Sous le règne de Louis XV, la même tradition se continue, mais une note nouvelle s'y ajoute, le trait d'esprit perpétuel, signe de sécheresse et de scepticisme sentimental. C'est le temps de la première société du *Caveau* où Piron, Collé, Gallet et Pannard rivalisent de gaîté et de verve malicieuse.

Peu à peu se fait jour l'âme « sensible » des contemporains de Louis XVI. C'est l'âge d'or de la *romance*, née de la chanson narrative et de l'ancien air de cour, mais dont l'allure langoureuse et le sentiment un peu fade sont

LA CHANSON FRANÇAISE

si éloignés du genre de la chanson véritable. Nous en avons donné quelques exemples à cause de son importance historique.

Enfin l'enthousiasme populaire de la Révolution déborde dans les chants de la fin du siècle. Explosion soudaine, inattendue. Libertins, buveurs et paillards se sont découvert une foi. Les refrains frivoles se taisent pour un temps : la France tout entière chante la *Marseillaise*.

BAISE-MOI DONC

Baise-moi donc, me disait Blaise :
Nannin, nannin, je ne suis pas si niaise,
Ma mère me le défend bien.
Mais, voyez ce grand Nicodème !
La sienne ne lui défend rien :
Que ne me baise-t-il lui-même ?

Autreau.

L'EXCÈS DE LA DÉLICATESSE

L'excès de la délicatesse
Est le poison de la tendresse ;
Il faut de la crédulité.
   Un amant nous jure
Que de nous il est enchanté :
   Fût-ce une imposture,
Croyons qu'il dit la vérité.
   Il est souvent fâcheux
   De s'y trop bien connaître :
      Se croire heureux,
      N'est-ce pas l'être ?

Le Sage.

PAR UN BAISER RAVI

Par un baiser ravi sur les lèvres d'Iris,
De ma fidèle ardeur j'ai dérobé le prix ;
Mais ce plaisir charmant a passé comme un songe :
Ainsi je doute encor de ma félicité.
Mon bonheur fut trop grand, pour n'être qu'un mensonge ;
Mais il dura trop peu pour une vérité. (*bis*)

J.-B. Rousseau.

AH! VOUS DIRAI-JE, MAMAN?

Ah! vous dirai-je, maman,
Ce qui cause mon tourment?
Depuis que j'ai vu Silvandre
Me regarder d'un air tendre,
Mon cœur dit à tout moment :
Peut-on vivre sans amant?

L'autre jour, dans un bosquet
Il me cueillait un bouquet;
Il en orna ma houlette,
Me disant : Belle brunette,
Flore est moins belle que toi,
L'amour moins épris que moi.

Je rougis et par malheur
Un soupir trahit mon cœur ;
Le cruel, avec adresse,
Profita de ma faiblesse :
Hélas! maman, un faux pas
Me fit tomber dans ses bras.

Je n'avais pour tout soutien
Que ma houlette et mon chien ;
Amour, voulant ma défaite,
Écarte chien et houlette :
Ah! qu'on goûte de douceur
Quand l'amour prend soin d'un cœur !

(Début du XVIIIe siècle.)

CE PETIT AIR BADIN

Air : Jupin de grand matin.

Ce petit air badin,
   Ce transport soudain
Marque un mauvais dessein :
    Tout ce train
   Me lasse à la fin :
   De dessus mon sein
Retirez cette main.
Que fait l'autre à mes pieds ?
   Vous essayez
De passer le genou :
    Êtes-vous fou ?
Voulez-vous bien finir
   Et vous tenir ?
Il arrivera, monsieur,
    Un malheur.
Ah ! c'est trop s'oublier !
   Je vais crier :
Tout me manque à la fois :
   Et force, et voix...
En rentrant, avez-vous
Tiré du moins sur nous
    Les verrous ?

PIRON.

LE MIROIR

Air de *Joconde*.

Miroir officieux, je doi
  T'aimer toute ma vie.
Je possède, grâces à toi,
  La charmante Sylvie ;
Et je te regarde en ce jour
  Comme un dieu tutélaire,
Qui fait pour moi plus que l'amour
  N'aurait jamais pu faire.

Miroir plus peintre que Latour,
  Plus prompt et plus sincère ;
Et vous, mes trumeaux, tour à tour,
  Répétez ma bergère :
Croyez que jamais vous n'aurez
  De plus parfait modèle ;
Et que plus vous l'embellirez,
  Plus vous serez fidèle.

Glace, ne faites votre effet
  Qu'en faveur de ma belle :
Obscure pour tout autre objet,
  Ne représentez qu'elle.
Par le même art, en ma faveur
  Et contre votre usage,
Puissiez-vous, ainsi que mon cœur,
  Conserver son image !

PIRON.

AU SUJET DES SORTIES FAITES PAR J.-J. ROUSSEAU DE GENÈVE, CONTRE NOS POÈTES ET NOS MUSICIENS

Sur l'air des *Fraises*.

Nos Lullis et nos Rameaux
  Sont des esprits opaques,
Des ignorants et des sots :
Ainsi l'a dit en deux mots
Jean-Jacques, Jean-Jacques, Jean-Jacques.

De notre Hélicon les eaux
  Ne sont que des cloaques ;
Nos cygnes que des crapauds :
Ainsi l'atteste en deux mots
Jean-Jacques, Jean-Jacques, Jean-Jacques.

Aux beaux-arts, bien à crédit,
  Peuple français, tu vaques ;
Tout succès t'est interdit :
En deux mots ainsi l'a dit
Jean-Jacques, Jean-Jacques, Jean-Jacques.

Des deux Rousseaux, dont jamais
  L'un n'aura fait ses pâques,
Le plus fameux désormais
N'est plus Jean-Baptiste, mais
Jean-Jacques, Jean-Jacques, Jean-Jacques.

Piron.

LE JOLI JOUR DE SAINT-MICHEL

Sur l'air des *Triolets*.

Le joli jour de Saint-Michel
Fut un des beaux jours de ma vie.
Que soit à jamais solennel
Le joli jour de Saint-Michel !
A genoux devant son autel,
Depuis douze jours je m'écrie :
Le joli jour de Saint-Michel
Fut un des beaux jours de ma vie.

Ce jour il me tomba du ciel
Douze pintes de malvoisie :
Un rare et joli casuel
Ce jour-là me tomba du ciel.
Mon palais trouvait bien cruel
De ne savourer que du Brie :
Ce jour, il me tomba du ciel
Douze pintes de malvoisie.

Du Cap aux rives d'Archangel,
De la Chine à la Virginie,
Il ne croit que du vin tel quel,
Du Cap aux rives d'Archangel.
Du Tage même à l'Archipel,
Trouvez-moi table mieux fournie,
Du Cap aux rives d'Archangel,
De la Chine à la Virginie.

Vive et plus suave que miel,
Du goût elle passe au génie :
Voltaire ne boit rien de tel,
Vive et plus suave que miel :

Aussi n'est-il qu'un arc-en-ciel,
Et je suis étoile accomplie ;
Vive et plus suave que miel,
Du goût elle passe au génie.

Muet, triste et matériel,
Me voilà redevenu pie ;
J'étais un Bourguignon sans sel,
Muet, triste et matériel :
Le piot, baume universel,
De pie est l'étymologie.
Muet, triste et matériel,
Me voilà redevenu pie.

Il me venait du bel hôtel
Que la France vous édifie :
En fussiez-vous l'hôte éternel,
De ce noble et superbe hôtel !
En style simple et naturel,
Monseigneur, je vous remercie.
Le joli jour de Saint-Michel
Fut un des beaux jours de ma vie.

PIRON.

CHANSONNIERS MES CONFRÈRES

Air : *Ces braves insulaires.*

Chansonniers mes confrères,
Le cœur, l'amour, ce sont des chimères ;
Dans vos chansons légères,
Traitez de vieux abus,
De Phœbus,
De Rébus,
Ces vertus
Qu'on n'a plus.
Tâchez d'historier
Quelque conte ordurier,
Mais avec bienséance ;
De mots
Trop gros,
L'oreille s'offense ;
Tirez votre indécence
Du fond de vos sujets
Et de faits
Faux ou vrais,
Scandaleux
Mais joyeux.

Les madrigaux sont fades,
L'apprêt
Qu'on met
A ces vers maussades,
Ne vaut pas les boutades
D'un chansonnier sans art,
Et sans fard,
Mais gaillard ;
Indécent,
Mais plaisant :

Et puis tous ces nigauds
Qui font des madrigaux,
Supposent à nos dames
　　Des cœurs,
　　Des mœurs,
　Des vertus, des âmes,
Et remplissent de flammes
Et de beaux sentiments
　　Nos amants
　　Presque éteints,
　　Ces pantins
　　Libertins.

COLLÉ.

UN HOMME AIMABLE

Air : *C'est la façon de le faire qui fait tout.*

Un homme aimable, un homme à femmes,
S'il veut être l'homme du jour,
S'il veut avoir toutes nos dames,
Ne doit jamais avoir d'amour.
A l'amour les voit-on se rendre ?
      Point du tout :
Il est donc plus sûr de les prendre
      Par leur goût.

Climène a le goût des parures,
Sapho, celui des beaux esprits ;
Lucinde, le goût des voitures ;
Celui du plaisir tient Iris.
A l'amour, etc.

Le goût tient lieu de l'amour même,
Chez les amants et les époux :
Dit-on à présent : Je vous aime ?
Non, l'on dit : J'ai du goût pour vous.
A l'amour, etc.

Ce goût dont une âme est saisie,
Et qu'on prend pour du sentiment,
Souvent n'est qu'une fantaisie ;
Mais il amène le moment.
A l'amour, etc.

Collé.

JE VAIS VOUS CROQUER LE TABLEAU

Je vais vous croquer le tableau
  D'une guinguette folle ;
C'est là qu'on a du vin nouveau,
  Qu'on rit, qu'on batifole ;
    C'est là que Michau
    Caresse Isabeau,
Sur le cul d'un tonneau.
Eh ! ziste, eh ! zeste, eh ! point d' chagrin !
L'on s'y ri, l'on s'y ri, l'on s'y rigole.
Eh ! ziste ! eh ! zeste, eh ! point d' chagrin,
L'on s'y rigole avec du vin.

L'on danse au son du tambourin,
  L'on fait la cabriole,
L'on s'y bat, l'on y prend au crin
  Le brave qu'on enrôle ;
    Puis l'on en revient
    Au vin qui soutient
A catin qui vous tient...
Eh ! ziste, etc.
L'on s'y rigole avec Catin.

La nuit, est-on las de Catin,
  L'on embrasse Nicole,
Qu'on abandonne le matin
  Pour Suzon, qu'on bricole ;
    Ou pour Jeanneton,
    Ou pour Margotton,
Ou pour Manzell' Tonton.
Eh ! ziste, etc.
L on s'y rigole avec du vin.

Le vin fait revivre l'amour,
　Et lui rend la parole ;
L'amour altère, et tour à tour
　L'on boit et l'on s'accole ;
　　Quand l'amour se tait,
　　Un vin qui vous plaît
　　Fait que l'amour renait.
Eh ! ziste, etc.
L'on s'y rigole avec du vin.

Collé.

TOUTES LES MÈRES

Toutes les mères,
Toujours sévères,
A leurs fillettes défendent d'aimer.
Vaine défense,
Quand dès l'enfance,
D'un feu naissant.
On se sent enflammer ;
On sent déjà,
Malgré son innocence,
On sent déjà
Qu'on est faite pour ça.

Lorsqu'on arrange
Une fontange,
Prend-on pour soi toutes ces peines-là ?
Quand on nous admire,
On nous fait sourire.
Qui cherche à plaire, bientôt aimera.
On sent déjà
Que le cœur nous inspire,
On sent déjà
Qu'on est faite pour ça.

On casse un lacet
Pour joindre un corset,
Est-ce sans dessein
Que l'on pare son sein ?
Quel secret pouvoir,
Le fait donc mouvoir ?
Pour le laisser voir
On tortille un mouchoir
A tout moment on soupire
On désire,
Et l'on sent là
Qu'on est faite pour ça.

On voit un amant
Et timidement,
On cache ses yeux,
Pour le regarder mieux.
D'où nait ce plaisir !
D'où vient qu'un soupir
Presse l'estomac,
Que le cœur fait tic-tac ?
On devient tendre,
Peut-on s'en défendre ?
On sent par là
Qu'on est faite pour ça.

Lorsqu'il peint la flâme
Dont brûle son âme,
On tremble, on rougit,
On a l'air interdit ;
Jusqu'à la pudeur,
Tout trahit notre cœur.
Rougit-on, hélas !
De ce qu'on n'entend pas ?
L'Amant nous presse
Sa peine intéresse
On sent par là
Qu'on est faite pour ça.

La bonne amie,
Est moins chérie,
Que le jeune amant
Qu'on n'a vu qu'un moment ;
Dès qu'il croit nous plaire,
Il est téméraire,
Et puis on excuse l'audace qu'il a,
Et puis, et puis notre trouble
Redouble,
Et puis on aime et tout finit par là.

FAVART.

DANS L'UNIVERS

Dans l'Univers tout aime, tout désire,
Du tendre Amour tout peint la volupté :
Si le Papillon vole avec légèreté,
Un autre Papillon l'attire.
Les fleurs en s'agitant semblent se caresser ;
Le lierre à l'ormeau s'unit pour l'embrasser ;
Les oiseaux sont charmés de pouvoir se répondre,
Et le doux murmure des eaux
Est causé par plusieurs ruisseaux
Qui se cherchent pour se confondre.

FAVART.

BIEN PENSER

Air : *Menuet d'Exaudet.*

Bien penser,
S'énoncer
D'un air libre,
Mais sans trop de liberté,
Et de l'égalité
Conserver l'équilibre ;
Obliger
Sans songer
Qu'on oblige ;
Immoler sa volonté,
Quand la société
L'exige.
Se prêter, quand on raisonne,
Aux raisons que l'on nous donne,
Faisant voir
Leur pouvoir
Sur les nôtres :
On a de l'esprit, on plaît
Dès que l'on satisfait
Les autres.
Possédant
Le talent
D'être aimable,
Joindre aux petites gaîtés
Les grandes qualités
Qui rendent estimable ;
Amuser,
Sans user
D'épigramme :
Tel qui rit d'un trait lancé,
En est toujours blessé
Dans l'âme.

Vadé.

ON SE MARIE

Air : La Calottine.

On se marie,
Quelle folie !
Nœud trop respecté,
Veux-tu la liberté ?
Dur esclavage,
Fatal usage,
Tu finis le cours
De nos beaux jours.

Croyez-moi, jeunesse,
Vive une maîtresse :
Son adresse,
Sa finesse
Pour peu de soupirs,
A nos désirs,
Quand l'amour nous presse,
Fait sans cesse
Succéder les plaisirs.
    On se marie, etc.

Plaignons les pauvres maris.
Les embarras, les soucis,
Les chagrins, les ennuis,
Dans leurs logis
Sont réunis.
Les Jeux et les Ris
Pour jamais en sont bannis :
Au lieu des ardeurs,
Ce sont des froideurs,
Des langueurs,

Des aigreurs ;
De la défiance,
Plus de douceurs,
Adieu la complaisance.
　　On se marie, etc.

Hymen, sous tes lois,
Que l'on fasse un choix ;
De certains minois
Ont quelquefois
Le don de plaire :
Mais voit-on le cœur,
L'esprit et l'humeur ?
Non, l'on a beau faire,
Toute fille a l'air trompeur.
D'amour trop épris,
L'on est surpris :
Monsieur le notaire
Termine l'affaire ;
Mais le marché fait,
Le trébuchet
Ferme tout net ;
Nigaudinet
Pris au gobet
A bientôt son paquet.
Que de d'échet !
L'objet plaisait,
Semblait parfait ;
L'hymen éclaircit la visière.
Vu dans son jour,
Ce portrait
Est laid,
Déplait :
C'est fait,
On hait,
Et l'amour fait place au regret.
L'époux, du devoir conjugal
S'acquitte mal ;
De ce procédé peu loyal
Naît bacchanal.

Femme en lutin,
D'un air mutin,
D'un ton hautain,
Gronde sans fin ;
Soir et matin
C'est même train :
A son goût rien
N'est jamais bien.
Survient, pour doubler le mari,
Un favori ;
Quelque valet,
Trop indiscret,
D'être cocu
L'a convaincu.
L'on a tout vu,
Tout est perdu.
Grand carillon
Dans la maison ;
L'on n'entend plus
Que bruit confus.
Il faut jurer,
Pester, pleurer,
Sans différer
Se séparer,
Et se déshonorer.
   On se marie, etc.

GALLET.

ELLE M'AIMA, CETTE BELLE ASPASIE

Elle m'aima, cette belle Aspasie,
Et bien en moi trouva tendre retour.
Elle m'aima, ce fut sa fantaisie,
Mais celle-là ne lui dura qu'un jour.

Le jour d'après, cette belle Aspasie
Entend Mirtil chanter l'hymne d'amour ;
Elle l'aima, ce fut sa fantaisie,
Et celle-là ne lui dura qu'un jour.

Toujours aimant, cette belle Aspasie
A pris, quitté nos bergers tour à tour :
Ils sont fâchés, moi je la remercie,
Las ! elle fait passer un si beau jour.

Pour ramener une belle Aspasie,
C'est grand abus de montrer du courroux ;
Si réclamez sa douce fantaisie,
Elle dira : que ne l'inspirez-vous ?

J'ai vu depuis cette belle Aspasie ;
La couronnant de roses, je lui dis :
Quand reviendra la douce fantaisie ?
Car ce jour-là c'est le seul où je vis.

Lors j'aperçus cette belle Aspasie.
Qu'un doux souris colorait ses attraits !
Elle reprit sa douce fantaisie,
Et me donna même le jour d'après.

Amants quittés d'une belle Aspasie,
Ayez près d'elle un modeste maintien :
Ne prétendez gêner sa fantaisie :
Qui plait est roi, qui ne plait plus n'est rien.

MONCRIF.

QUI PAR FORTUNE

Air : *Est-il de plus douces odeurs.*

Qui par fortune trouvera
    Nymphes dans la prairie,
Celle qui tant plus lui plaira,
    Tenez, c'est bien ma mie ;
Si quelqu'une vient à danser,
    Et d'une grâce telle,
Qu'elle ne fait les fleurs verser,
    Eh bien, c'est encore elle.

Si quelqu'un dit, avec serment,
    Je donnerais ma vie,
Pour être aimé rien qu'un moment ;
    Tenez, c'est de ma mie :
Si quelque autre fuit sans espoir
    La Nymphe qu'il adore,
Content du charme de la voir,
    Eh bien, c'est elle encore.

Églé vint aux jeux de Cérès,
    Et fut d'abord suivie ;
Églé revint le jour d'après,
    On ne vit que ma mie :
Si quelque Nymphe a le crédit
    D'être toujours nouvelle,
A vos yeux comme à votre esprit ;
    Tenez, c'est toujours elle.

L'autre matin, sous ces buissons,
    Une Nymphe jolie
Me dit : J'aime tant vos chansons ;
    Je dis : C'est pour ma mie :

Pour célébrer ses doux attraits,
  Fait-on chanson nouvelle,
En y songeant, l'instant d'après
  On chante encor pour elle.

Je lui sais maint adorateur,
  Et n'en ai jalousie ;
Amour a mis tout mon bonheur
  Dans celui de ma mie :
Que servirait de m'alarmer ?
  La chose est naturelle ;
Amour l'a faite pour charmer,
  Et nous pour n'aimer qu'elle.

MONCRIF.

DANS MA JEUNESSE

Dans ma jeunesse,
La vérité régnait,
La vertu dominait,
La constance brillait,
La bonne foi réglait
L'amant et la maîtresse.
Aujourd'hui ce n'est plus cela :
Ce n'est qu'injustice
Trahison, malice,
Changements, caprice,
Détours, artifice,
  Et l'amour va } *Bis.*
  Cahin, caha.

Dans ma jeunesse,
Les veuves, les mineurs
Avaient des défenseurs,
Avocats, procureurs.

      Juges et rapporteurs,
     Soutenaient leur faiblesse,
Aujourd'hui ce n'est plus cela :
    L'on gruge, l'on pille
    La veuve, la fille,
    Mineur et pupille ;
    Surtout on grappille,
      Et Thémis va   } Bis.
      Cahin, caha.   }

     Dans ma jeunesse,
  Quand deux cœurs amoureux
  S'unissaient tous les deux,
  Ils sentaient mêmes feux ;
  De l'Hymen les doux nœuds
  Augmentaient leur tendresse.
Aujourd'hui ce n'est plus cela :
    Quand l'Hymen s'en mêle,
    L'ardeur la plus belle
    N'est qu'une étincelle,
    L'amour bat de l'aile,
      Et l'époux va   } Bis.
      Cahin, caha.   }

PANNARD.

L'INTÉRÊT QUI NOUS DOMINE

L'intérêt qui nous domine,
Fait que tout homme, ici-bas,
A l'oreille dure ou fine,
Suivant les différents cas.
Quand il faut qu'il nous en coûte,
Nous sommes presque toujours,
   Sourds ;
Mais pour toucher, on écoute,
Et le plus sourd entend bien :
   Tien !

Tircis, par un doux langage,
Vient m'amuser chaque jour ;
Dois-je accepter son hommage ?
Répondrai-je à son amour ?
Si son feu, peu légitime,
N'a pour but qu'un certain point,
   Point :
Si le respect et l'estime
Règlent les vœux qu'il conçoit,
   Soit.

Dans le sein de la Victoire
Que vous auriez du plaisir,
Guerriers, si de votre gloire
Vous pouviez longtemps jouir !
Mais, après quelque conquête,
Il vous vient dans l'estomac,
   Tac,
Une balle malhonnête,
Qui fait faire, sans dire ouf,
   Pouf.

Pour être chéri des belles,
S'il est de puissants ressorts
A faire agir auprès d'elles,
Ce sont ceux des coffres-forts.
Tous les charmes qu'on possède,
Sans cela sont des trésors
    Morts ;
Mais fût-on fait comme un zède,
L'argent redresse les corps
    Torts.

PANNARD.

AUPRÈS D'UN VIEIL ÉPOUX

Auprès d'un vieil époux, au lever de l'aurore,
  La jeune Iris aperçut un moineau
Caresser sa moitié sur un tapis de Flore,
    Et pour recommencer encore
    Voler au sommet d'un berceau.

Pour voir le tendre amour de ce couple fidèle,
Iris, en soupirant, éveille son époux.
Mais au lieu d'écouter les désirs de sa belle :
Laissez là vos moineaux ! lui dit-il en courroux,
  Aimerez-vous toujours la bagatelle ?

PANNARD.

VEUX-TU TOUJOURS ÊTRE CRUELLE?

Veux-tu toujours être cruelle ?
   Rends-toi, jeune Isabelle.
Tiens, tiens : voix-tu sous ces ormeaux,
   Ces deux oiseaux ?
L'un est vif, l'autre peu rebelle.
Que leur tendresse mutuelle
   Rend leur destin heureux !
Viens, viens : il faut suivre tous deux
   Une leçon si belle !

Volontiers, lui répondit-elle,
   Prenons-les pour modèle :
Mais, ciel ! que vois-je en ce moment ?
   Mon cher amant,
Déjà l'un des deux bat de l'aile ;
Il s'envole, il fuit, l'infidèle !
   Qu'en penses-tu ? dis-moi :
Hélas ! j'en jurerais ma foi,
   Ce n'est point la femelle.

PANNARD.

J'AIME BEAUCOUP MON CABINET

Air du Prévôt des marchands.

J'aime beaucoup mon cabinet ;
Je passe en ce réduit secret
Plus de la moitié de ma vie.
Mais ne crois pas, pauvre idiot,
Que là je lise et j'étudie,
Non, non, je ne suis pas si sot.

Ce n'est Descartes, ni Newton,
Ni Virgile, ni Cicéron ;
Ce n'est Socrate ni Sénèque,
Ni Platon surnommé divin,
Qui forment ma bibliothèque,
Mais force liqueur et bon vin.

Thémire, dont je suis la loi,
Vient philosopher avec moi ;
Le spectacle de la nature,
Que tour à tour nous nous prêtons,
Y fait notre unique lecture,
Nuit et jour nous le feuilletons.

Entre nous deux jamais d'*Ergo*,
Ni de sophisme en *Baroco*.
Nous laissons ces vaines sciences,
Et nous tirons tout simplement
Nos preuves et nos conséquences
Du fond même du sentiment.

Sans alambiquer des secrets
Métaphysiques, trop abstraits,
C'est en consultant la nature
Que nous allons à son Auteur,
Et dans la belle créature
Nous admirons le Créateur.

LATTAIGNANT.

NON, LA FIDÉLITÉ...

Air : Jupin de grand matin.

Non, la fidélité
  N'a jamais été
Qu'une imbécillité.
    J'ai quitté
  Par légèreté
  Plus d'une beauté,
Vive la nouveauté.
Mais quoi... La probité !
    Puérilité.
Le serment répété !...
    Style usité.
A-t-on jamais compté
    Sur un traité
Dicté par la volupté
    Sans liberté ?
On feint, par vanité
    D'être irrité ;
L'Amant peu regretté
    Est imité ;
La femme, avec gaîté,
  Bientôt s'arrange de son côté.

LATTAIGNANT.

TENDRE FRUIT DES PLEURS DE L'AURORE

Tendre fruit des pleurs de l'aurore,
Toi dont Zéphire va jouir ;
Reine de l'empire de Flore, } *Bis.*
Hâte-toi de t'épanouir.

Que dis-je, hélas ! crains de paraître,
Diffère un moment de t'ouvrir ;
L'instant qui doit te faire naître
Est celui qui doit te flétrir.

Thémire est une fleur nouvelle,
Qui subira la même loi ;
Rose, tu dois briller comme elle,
Elle doit passer comme toi.

Quitte cette tige épineuse,
Va l'embellir de tes couleurs :
Tu dois être la plus heureuse
Comme la plus belle des fleurs.

Va, meurs sur le sein de Thémire,
Qu'il soit ton trône et ton tombeau.
Jaloux de ton sort, je n'aspire,
Qu'au bonheur d'un trépas si beau.

Suis la main qui va te conduire
Du côté que tu dois pencher ;
Éclate à nos yeux, sans leur nuire,
Pare son sein, sans le cacher.

Mais si quelque autre main s'avance,
Si quelque amant est mon égal,
Emporte avec toi ma vengeance,
Garde une épine à mon rival.

Tu vivras plus d'un jour, peut-être,
Sur l'autel que tu dois parer ;
Un soupir t'y fera renaître,
Si Thémire peut soupirer.

Fais-lui sentir par mes alarmes
Le prix du plus grand de ses biens ;
En voyant expirer tes charmes,
Qu'elle apprenne à jouir des siens.

Gentil-Bernard.

SOUVENT UN AIR DE VÉRITÉ...

Souvent un air de vérité
Se mêle au plus grossier mensonge ;
Une nuit, dans l'erreur d'un songe,
Au rang des rois j'étais monté.
Je vous aimais alors et j'osais vous le dire ;
Les Dieux à mon réveil ne m'ont pas tout ôté ;
Je n'ai perdu que mon Empire.

Voltaire.

AIR A BOIRE

Quel effroyable bruit ! quels feux étincelans !
Jupiter aux mortels déclare-t-il la guerre ?
Veut-il encor par son tonnerre
Foudroyer de nouveaux Titans ?
Gronde (*bis*), tonnerre affreux, et ravage le monde
Par tes redoutables fureurs.
Fais tout trembler d'effroi sur la terre et sur l'onde,
Mais respecte du moins la vigne et les buveurs.

Le Brun.

ROMANCE D'ALEXIS [1]

  Alexis depuis deux ans
   Adorait Glycère.
  Il cachait depuis ce temps
   Ses tendres sentiments.
Un jour il aperçut la mère
Qui dans la plaine travaillait.
Il vole aux pieds de la bergère } *Bis.*
Pour lui conter ce qu'il souffrait. }

  Il frappa bien doucement ;
   Elle ouvrit la porte.
  Ah ! dit-il, un seul moment
   Écoutez mon tourment !
— Non, non, fuyez, répondit-elle,
Par votre amour vous me charmez ;
Mais voyez ma frayeur mortelle } *Bis.*
Et laissez-moi si vous m'aimez. }

  Eh bien, je vous obéis,
   O vous que j'adore.
  Si vous aimez Alexis,
   Tous ses maux sont finis.
Mais jurez-moi qu'avant l'aurore,
En faisant paitre nos moutons,
Nous nous dirons cent fois encor } *Bis.*
Que pour toujours nous nous aimons. }

  La peur fit qu'elle jura
   D'aller sur l'herbette.
  Il prit sa main, la baisa,
   Et puis s'en alla.
Le lendemain, la bergerette
Voulut accomplir son serment.
Hélas ! on dit que la pauvrette } *Bis.*
Perdit son cœur en s'acquittant. }

     (Musique de Jean-Jacques Rousseau.)

[1] Voir la musique au supplément.

PLAISIR D'AMOUR

Plaisir d'amour ne dure qu'un moment,
Chagrin d'amour dure toute la vie.
J'ai tout quitté pour l'ingrate Sylvie,
Elle me quitte et prend un autre amant.
Plaisir d'amour ne dure qu'un moment,
Chagrin d'amour dure toute la vie.

Tant que cette eau coulera doucement
Vers ce ruisseau qui borde la prairie,
Je t'aimerai, me répétait Sylvie...
L'eau coule encor, elle a changé pourtant !
Plaisir d'amour ne dure qu'un moment,
Chagrin d'amour dure toute la vie.

Florian.
(Musique de Martini.)

ROMANCE DE CLÉMENCE ISAURE

A Toulouse il fut une belle,
Clémence Isaure était son nom ;
Le beau Lautrec brûlait pour elle,
Et de sa foi reçut le don ;
Mais leurs parents trop inflexibles
S'opposaient à leurs tendres feux :
Ainsi toujours les cœurs sensibles
Sont nés pour être malheureux !

Alphonse, le père d'Isaure,
Veut lui donner un autre époux ;
Fidèle à l'amant qui l'adore,
Sa fille tombe à ses genoux :
— Ah ! que plutôt votre colère
Termine des jours de douleur !
Ma vie appartient à mon père,
A Lautrec appartient mon cœur.

Le vieillard, pour qui la vengeance
A plus de charme que l'amour,
Fait charger de chaînes Clémence,
Et l'enferme dans une tour ;
Lautrec, que menaçait sa rage,
Vient gémir au pied du donjon,
Comme l'oiseau près de la cage
Où sa compagne est en prison.

Une nuit la tendre Clémence
Entend la voix de son amant ;
A ses barreaux elle s'élance
Et lui dit ces mots en pleurant :
— Mon ami, cédons à l'orage,
Va trouver le roi des Français,
Emporte mon bouquet pour gage
Des serments que mon cœur t'a faits.

« L'églantine est la fleur que j'aime,
La violette est ma couleur,

Dans le souci tu vois l'emblème
Des chagrins de mon triste cœur.
Ces trois fleurs, que ma bouche presse,
Seront humides de mes pleurs ;
Qu'elles te rappellent sans cesse
Et nos amours et nos douleurs. »

Elle dit, et par la fenêtre
Jette les fleurs à son amant.
Alphonse, qui vient à paraître,
Le force de fuir tout tremblant.
Lautrec part, la guerre commence
Et s'allume de toutes parts.
Vers Toulouse l'Anglais s'avance,
Et brûle déjà ses remparts.

Sur ses pas Lautrec revient vite :
A peine est-il sur le glacis,
Qu'il voit des Toulousains l'élite
Fuyant devant les ennemis ;
Un seul vieillard résiste encore,
Lautrec court lui servir d'appui ;
C'était le vieux père d'Isaure,
Lautrec est blessé près de lui.

Hélas ! sa blessure est mortelle !
Il sauve Alphonse, et va périr.
Le vieillard fuit, Lautrec l'appelle
Et lui dit avant de mourir :
— Cruel père de mon amie,
Tu ne m'as pas voulu pour fils !
Je me venge en sauvant ta vie.
Le trépas m'est doux à ce prix.

« Exauce du moins ma prière,
Rends les jours de Clémence heureux,
Dis-lui qu'à mon heure dernière
Je t'ai chargé de mes adieux ;
Reporte-lui ces fleurs sanglantes,
De mon cœur le plus cher trésor,
Et laisse mes lèvres mourantes
Les baiser une fois encor. »

FLORIAN.

VIVE HENRI IV

   Vive Henri quatre,
Vive ce roi vaillant :
   Ce diable à quatre
A le triple talent
   De boire et se battre,
Et d'être un vert galant.

   Chantons l'antienne
Qu'on chant'ra dans mille ans :
   Que Dieu maintienne
En paix ses descendants,
   Jusqu'à ce qu'on prenne
La lune avec les dents.

   J'aimons les filles,
Et j'aimons le bon vin !
   De nos bons drilles
Voilà le refrain.
   J'aimons les filles
Et j'aimons le bon vin !

   Moins de soudrilles
Eussent troublé le sein
   De nos familles,
Si l' ligueux, plus humain,
   Eût aimé les filles,
Eût aimé le bon vin.

   Au diable guerres,
Rancunes et partis !
   Comme nos pères
Chantons, en vrais amis,
   Au choc des verres,
Les roses et les lys.

LA CHANSON FRANÇAISE

>Vive la France !
>Vive le roi Henry !
>Qu'à Reims on danse,
>En disant comm' Paris :
>Vive la France !
>Vive le roi Henry !

(Dans *la Partie de chasse de Henry IV*, de Collé, 1774.)

COMBIEN J'AI DOUCE SOUVENANCE

Combien j'ai douce souvenance
Du joli lieu de ma naissance !
Ma sœur, qu'ils étaient beaux les jours
    De France,
O mon pays, sois mes amours
    Toujours !

Te souvient-il que notre mère,
Au foyer de notre chaumière,
Nous pressait sur son cœur joyeux,
    Ma chère ?
Et nous baisions ses blancs cheveux
    Tous deux !

Ma sœur, te souvient-il encore
Du château que baignait la Dore,
Et de cette tant vieille tour
    Du Maure,
Où l'airain sonnait le retour
    Du jour ?

Te souvient-il du lac tranquille
Qu'effleurait l'hirondelle agile,
Du vent qui courbait le roseau
    Mobile,
Et du soleil couchant sur l'eau,
    Si beau !

Te souvient-il de cette amie,
Tendre compagne de ma vie,
Dans les bois en cueillant la fleur
      Jolie ?
Hélène appuyait sur mon cœur
      Son cœur !

Ah ! qui me rendra mon Hélène,
Et ma montagne et le grand chêne ?
Leur souvenir fait tous les jours
      Ma peine,
Mon pays sera mes amours
      Toujours !

CHATEAUBRIAND.

IL PLEUT, BERGÈRE

Il pleut, il pleut, bergère,
Rentre tes blancs moutons,
Allons à la chaumière,
Bergère, vite, allons ;
J'entends sur le feuillage
L'eau qui tombe à grand bruit,
Voici, voici l'orage,
Voilà l'éclair qui luit.

Entends-tu le tonnerre,
Il roule en approchant ;
Prends un abri, bergère,
A ma droite, en marchant ;
Je vois notre cabane...
Et tiens, voici venir
Ma mère et ma sœur Anne
Qui vont l'étable ouvrir.

Bonsoir, bonsoir, ma mère,
Ma sœur Anne, bonsoir ;
J'amène ma bergère,
Près de vous pour ce soir :
Va te sécher, ma mie,
Auprès de nos tisons ;
Sœur, fais-lui compagnie,
Entrez, petits moutons.

Soignons bien, ô ma mère,
Son tant joli troupeau ;
Donnez plus de litière
A son petit agneau.
C'est fait, allons près d'elle ;
Eh bien donc te voilà !
En corset qu'elle est belle !
Ma mère, voyez-la.

Soupons, prends cette chaise,
Tu seras près de moi,
Ce flambeau de mélèze
Brûlera devant toi...
Goûte de ce laitage ;
Mais tu ne manges pas...
Tu te sens de l'orage,
Il a lassé tes pas.

Eh bien ! voilà ta couche,
Dors-y jusques au jour,
Laisse-moi sur ta bouche
Prendre un baiser d'amour.
Ne rougis pas, bergère,
Ma mère et moi demain
Nous irons chez ton père
Lui demander ta main.

Fabre d'Églantine.

LA MARSEILLAISE

Allons, enfants de la patrie,
Le jour de gloire est arrivé ;
Contre nous de la tyrannie
L'étendard sanglant est levé. (*bis*)
Entendez-vous dans les campagnes
Mugir ces féroces soldats ?
Ils viennent jusque dans vos bras
Égorger vos fils, vos compagnes :
Aux armes, citoyens ! Formez vos bataillons !
Marchons (*bis*), qu'un sang impur abreuve nos sillons.

Que veut cette horde d'esclaves,
De traîtres, de rois conjurés ?
Pour qui ces ignobles entraves,
Ces fers dès longtemps préparés ? (*bis*)
Français, pour nous, ah ! quel outrage !
Quels transports il doit exciter !
C'est nous qu'on ose méditer
De rendre à l'antique esclavage !
Aux armes, citoyens, etc.

Quoi ! ces cohortes étrangères
Feraient la loi dans nos foyers !
Quoi ! ces phalanges mercenaires
Terrasseraient nos fiers guerriers ? (*bis*)
Grand Dieu ! par des mains enchaînées
Nos fronts sous le joug se ploiraient !
De vils despotes deviendraient
Les maîtres de nos destinées !
Aux armes, citoyens, etc.

Tremblez, tyrans, et vous, perfides,
L'opprobre de tous les partis !
Tremblez ! vos projets parricides
Vont enfin recevoir leur prix : (*bis*)

　　　　Tout est soldat pour vous combattre !
　　　　S'ils tombent, nos jeunes héros,
　　　　La France en produit de nouveaux,
　　　　Contre vous tout prêts à se battre.
　Aux armes, etc.

　　　　Français, en guerriers magnanimes,
　　　　Portez ou retenez vos coups ;
　　　　Épargnez ces tristes victimes
　　　　A regret s'armant contre nous ; (*bis*)
　　　　Mais ces despotes sanguinaires,
　　　　Mais les complices de Bouillé,
　　　　Tous ces tigres, qui, sans pitié,
　　　　Déchirent le sein de leur mère !...
　Aux armes, etc.

　　　　Nous entrerons dans la carrière
　　　　Quand nos aînés n'y seront plus,
　　　　Nous y trouverons leur poussière
　　　　Et la trace de leurs vertus ; (*bis*)
　　　　Bien moins jaloux de leur survivre
　　　　Que de partager leur cercueil,
　　　　Nous aurons le sublime orgueil
　　　　De les venger ou de les suivre !
　Aux armes, etc.

　　　　Amour sacré de la patrie,
　　　　Conduis, soutiens nos bras vengeurs,
　　　　Liberté, liberté chérie,
　　　　Combats avec tes défenseurs ! (*bis*)
　　　　Sous nos drapeaux que la victoire
　　　　Accoure à tes mâles accents !
　　　　Que tes ennemis expirants
　　　　Voient ton triomphe et notre gloire.
　Aux armes, etc.

Rouget de l'Isle.

VEILLONS AU SALUT DE L'EMPIRE

1791

Veillons au salut de l'Empire (1),
Veillons au maintien de nos lois ;
Si le despotisme conspire,
Conspirons la perte des rois.
Liberté, que tout mortel te rende hommage ;
Tremblez, tyrans, vous allez expier vos forfaits !
Plutôt la mort que l'esclavage :
C'est la devise des Français.

Du salut de notre patrie
Dépend celui de l'univers ;
Si jamais elle est asservie,
Tous les peuples sont dans les fers :
Liberté, que tout mortel te rende hommage ;
Tremblez tyrans, vous allez expier vos forfaits !
Plutôt la mort que l'esclavage :
C'est la devise des Français.

Ennemis de la tyrannie,
Paraissez tous, armez vos bras ;
Du fond de l'Europe avilie,
Marchez avec nous aux combats :
Liberté, que ce nom sacré nous rallie.
Tremblez tyrans, vous allez expier vos forfaits !
Nous servons la même patrie :
Les hommes libres sont Français !

Jurons union éternelle
Avec tous les peuples divers ;
Jurons une guerre mortelle
A tous les rois de l'univers.
Liberté, que ce nom sacré nous rallie :
Poursuivons les tyrans, punissons leurs forfaits !
On ne voit plus qu'une patrie
Quand on a l'âme d'un Français.

AD.-S. BOY.

(1) De la nation.

HYMNE A L'ÊTRE SUPRÊME (1)
1794

Père de l'univers, suprême intelligence,
Bienfaiteur ignoré des aveugles mortels,
Tu révélas ton être à la reconnaissance,
    Qui seule éleva tes autels. (bis)

Ton temple est sur les monts, dans les airs, sur les ondes ;
Tu n'as point de passé, tu n'as point d'avenir,
Et sans les occuper, tu remplis tous les mondes,
    Qui ne peuvent te contenir.

Tout émane de toi, grande et première cause,
Tout s'épure aux rayons de ta divinité ;
Sur ton culte immortel la morale repose,
    Et sur les mœurs la liberté.

Pour venger leur outrage et ta gloire offensée,
L'Auguste Liberté, ce fléau des pervers,
Sortit au même instant de ta vaste pensée,
    Avec le plan de l'Univers.

Dieu puissant ! elle seule a vengé ton injure ;
De son culte elle-même instruisant les mortels,
Leva le voile épais qui couvrait la nature,
    Et vint absoudre tes autels.

O toi ! qui du néant, ainsi qu'une étincelle,
Fis jaillir dans les airs l'astre éclatant du jour,
Fais plus : verse en nos cœurs ta sagesse immortelle,
    Embrase-nous de ton amour.

De la haine des rois anime la Patrie,
Chasse les vains désirs, l'injuste orgueil des rangs,
Le luxe corrupteur, la basse flatterie,
    Plus fatale que les tyrans.

Dissipe nos erreurs, rends-nous bons, rends-nous justes,
Règne, règne au delà du tout illimité ;
Enchaîne la nature à tes décrets augustes,
    Laisse à l'homme la Liberté.

DESORGUES.
(Musique de Gossec.)

(1) Voir la musique au supplément.

LE CHANT DU DÉPART

1794

La victoire en chantant nous ouvre la barrière,
  La liberté guide nos pas,
Et du nord au midi la trompette guerrière
  A sonné l'heure des combats !
  Tremblez, ennemis de la France,
  Rois ivres de sang et d'orgueil ;
  Le peuple souverain s'avance,
  Tyrans, descendez au cercueil !

  La République nous appelle,
  Sachons vaincre ou sachons mourir !
  Un Français doit vivre pour elle,
  Pour elle un Français doit mourir !

UNE MÈRE DE FAMILLE

De nos yeux maternels ne craignez point les larmes,
  Loin de nous de lâches douleurs :
Nous devons triompher quand vous prenez les armes,
  C'est aux rois à verser des pleurs.
  Nous vous avons donné la vie,
  Guerriers, elle n'est plus à vous :
  Tous nos jours sont à la patrie,
  Elle est votre mère avant nous.

DEUX VIEILLARDS

Que le fer paternel arme la main des braves ;
  Songez à nous au champ de Mars ;
Consacrez dans le sang des rois et des esclaves
  Le fer béni par vos vieillards,
  Et, rapportant sous la chaumière,
  Des blessures et des vertus,
  Venez fermer notre paupière
  Quand les tyrans ne seront plus.

UN ENFANT

De Bara, de Viala, le sort nous fait envie :
 Ils sont morts, mais ils ont vaincu ;
Le lâche, accablé d'ans, n'a point connu la vie :
 Qui meurt pour le peuple a vécu.
 Vous êtes vaillants, nous le sommes,
 Guidez-nous contre les tyrans ;
 Les Républicains sont des hommes,
 Les esclaves sont des enfants.

UNE ÉPOUSE

Partez, vaillants époux, les combats sont vos fêtes,
 Partez, modèles des guerriers ;
Nous cueillerons des fleurs pour en ceindre vos têtes,
 Nos mains tresseront vos lauriers,
 Et si le temple de Mémoire
 S'ouvrait à vos mânes vainqueurs,
 Nos voix chanteront votre gloire,
 Nos flancs porteront vos vengeurs.

UNE JEUNE FILLE

Et nous, sœurs des héros, nous qui de l'hyménée
 Ignorons les aimables nœuds,
Si pour s'unir un jour à notre destinée,
 Les citoyens forment des vœux,
 Qu'ils reviennent dans nos murailles,
 Beaux de gloire et de liberté,
 Et que leur sang, dans les batailles,
 Ait coulé pour l'égalité.

TROIS GUERRIERS

Sur le fer, devant Dieu nous jurons à nos pères,
 A nos épouses, à nos sœurs,
A nos représentants, à nos fils, à nos mères,
 D'anéantir les oppresseurs !
 En tous lieux, dans la nuit profonde,
 Plongeant l'infâme royauté,
 Les Français donneront au monde
 Et la paix et la liberté !

      MARIE-JOSEPH CHÉNIER.
      (Musique de Méhul.)

XIXᵉ SIÈCLE

Les préoccupations politiques et sociales qui se manifestent si vivement dans les chants révolutionnaires ne disparaîtront jamais complètement de la chanson française au cours du XIXᵉ siècle. Sans doute la tradition des refrains joyeux est loin d'être perdue, et les abondants recueils de la nouvelle société du *Caveau* la continuent dignement ; Désaugiers en est le principal représentant. Mais les Debraux, les Béranger, les Dupont nous ont conservé dans leurs chansons les échos de la vie publique du temps. En 1840, Alfred de Musset répond par *le Rhin allemand* au chant de l'Allemand Becker. Les revendications sociales surtout, qui ont joué un si grand rôle dans la vie du siècle, transparaissent fréquemment dans la chanson : ce sont tantôt quelques traits d'une ironie résignée mais amère, parfois aussi des accents d'une rudesse et d'une âpreté saisissantes.

La chanson populaire est largement représentée, grâce à la vaste enquête qui fut ordonnée par le Gouvernement vers le milieu du siècle et qui permit de recueillir en grand nombre, dans toutes les provinces de la France, les chants transmis par la tradition orale. Voilà pourquoi l'on trouvera, vers le milieu des extraits qui vont suivre, une suite de pièces qui furent notées en quelque sorte sous la dictée du peuple. Depuis lors nos folkloristes n'ont cessé

LA CHANSON FRANÇAISE

d'enrichir de la sorte le trésor de nos traditions populaires.

On ne s'étonnera pas que l'époque contemporaine ne soit pas très abondamment représentée dans ce recueil. Nous sommes mal placés pour juger la chanson de notre époque et pour y distinguer ce qui plus tard appartiendra à la littérature ou à l'histoire. Après avoir commencé par les poétiques pastourelles du XV° siècle, fallait-il finir par des chansons de café-concert ? Nous nous sommes bornés à indiquer, par quelques exemples typiques, les aspects les plus intéressants de la chanson française de nos jours.

CHANSON DE TABLE

A LA MANIÈRE DU BON TEMPS D'AUTREFOIS

ou

PORTRAIT BURLESQUE D'UN MÉDECIN GOURMAND

Air du *Bastringue*.

Vive, vive monsieur Purgon !
    Comme il mange
    C'est étrange !
Vive, vive monsieur Purgon !
    C'est Gargantua second.

Au potage d'abord fidèle,
De riz il consomme une écuelle,
Disant qu'un succulent bouillon
A l'appétit sert d'aiguillon.
    Vive, vive, etc.

Sautant, pour seconde manœuvre,
Tour à tour sur chaque hors-d'œuvre,
Rien que pour se donner du ton,
Il vide un plein bocal de thon.
    Vive, vive, etc.

Ensuite il engloutit, sans honte,
Trente petits pâtés, à-compte
Du pâté chaud, bien gros, bien rond,
Qui tombe aussi dans son giron.
    Vive, vive, etc.

Il avale, quoiqu'on le gausse,
Trois livres de bœuf à la sauce,
Avec six tranches de melon
Et six gousses de poivre long.
    Vive, vive, etc.

Il se fait un dieu de son ventre
Et son estomac est un antre
Qu'il comble jusqu'à son menton,
De veau, de bœuf et de mouton.

Vive, vive, etc.

A droite il prend de la giblotte,
A gauche de la matelotte,
Et rafle, en expert compagnon,
Rognon, oignon et champignon.

Vive, vive, etc.

Dieu sait comme il pèle une éclanche !
Il râcle un gigot jusqu'au manche ;
Et tel qu'un dogue furibond,
Jusqu'à l'os il ronge un jambon.

Vive, vive, etc.

Puis il faut voir comme il se rue
Sur le saumon, sur la morue,
Sur barbue et sur barbillon,
Et sur turbot en court-bouillon.

Vive, vive, etc.

Aucune arête ne l'arrête ;
Au fond de son gosier qui prête,
Il est prouvé qu'un esturgeon
Glisse et coule comme un goujon.

Vive, vive, etc.

Mais voulez-vous qu'il se régale
D'une manière sans égale ?
Brunet vous dit : Faites-lui don,
Pour rôti, d'*un dodu dindon*.

Vive, vive, etc.

N'oublions pas qu'il boit les truffes
Et qu'à la façon des tartuffes,
Il s'en fait, par distraction,
Toute la distribution.

Vive, vive, etc.

Quand on lui sert caille ou mauviette,
Il s'imagine être à la diète,
Et croque par compassion,
L'ortolan à prétention.

Vive, vive, etc.

A l'entremets, vous le dirai-je ?
De tous les plats il fait le siège,
Et plonge, en arlequin bouffon,
Dans le macaroni profond.

Vive, vive, etc.

Observez bien qu'une salade
Sans œufs durs le rendrait malade
Et qu'il y fait, dans la saison,
Verser de la crème à foison.

Vive, vive, etc.

Au dessert, comme il se dépêche
Poire, abricot, cerise et pêche,
Soit à cru, soit en carafon,
Tout est broyé, tout part, tout fond.

Vive, vive, etc.

Au reste, du vin qu'il peut boire,
Mon calcul est facile à croire :
Il est dans la proportion
De cette déglutition.

Vive, vive, etc.

Son abdomen des plus voraces,
Du café, des liqueurs, des glaces,
Pour dernière vocation
Réunit la libation.

Vive, vive, etc.

Sa rotondité respectable
Brille aussitôt qu'il sort de table :
Il est bourré comme un canon,
Il est enflé comme un ballon.

Vive, vive, etc.

LA CHANSON FRANÇAISE

Si, pour obtenir de la gloire,
On concourait par la mâchoire,
Purgon serait, de son canton,
Proclamé le plus fort glouton.

Vive, vive, etc.

Docteur, vous que rien n'indispose,
Et qui digérez toute chose,
Pour digérer cette chanson,
Serez-vous assez bon garçon !

Vive, vive, etc.

L'antiquité, fort peu bégueule,
Admettait les chansons de gueule ;
Du temps du curé de Meudon
On eût dit avec abandon :

Vive, vive monsieur Purgon !
Comme il mange !
C'est étrange !
Vive, vive monsieur Purgon !
C'est Gargantua second !

De Piis.

XIXe SIÈCLE

A QUOI BON GROSSIR LA LISTE

Air : *Dans la paix et l'innocence.*

A quoi bon grossir la liste
De nos frondeurs ennuyeux ?
Tout prévoir c'est un peu triste ;
Rire de tout vaut bien mieux.
Que l'univers se disloque
Comme un vase du Japon,
En attendant *je m'en moque
Comme de Colin Tampon.* (bis)

Nargue du triste Héraclite
Qui toujours se lamentait !
Que j'aime ce Démocrite
Qui gaiment lui répondait :
Sur ce monde qui te choque,
Hélas ! mon pauvre garçon,
Tu pleures ! moi *je m'en moque
Comme de Colin Tampon.* (bis)

Damis en vain près d'Estelle
Soupire comme un Colin ;
Il faut pour plaire à la belle
Être bien riche ou bien fin :
Au plus aimable colloque
Froidement elle répond :
Des Colins moi *je me moque
Comme de Colin Tampon.* (bis)

Cherchant partout un suffrage,
Un auteur bien suffisant
Pour lire un nouvel ouvrage
Trouve un cercle complaisant :

Mais le public, qui révoque
Les jugements du salon,
Dit en sifflant : *Je m'en moque
Comme de Colin Tampon.* (*bis*)

« Ici-bas rien né m'étonne,
Disait Monsieur dé Pibrac,
« Il faut voir sur la Garonne
« Mon beau domaine dé Crac !
« Paris n'est qu'uné bicoque ;
« Lé moindre château gascon
« De votre Louvre *sé moque*
« *Comme dé Colin Tampon.* » (*bis*)

Qu'on célèbre le Champagne,
Le Pomard, le Chambertin ;
Qu'on vante le vin d'Espagne,
Le vin de Beaune ou du Rhin :
Pour moi, lorsqu'on me provoque,
Le meilleur est assez bon ;
Quant à son nom, *je m'en moque
Comme de Colin Tampon.* (*bis*)

Lorsque la vilaine Parque
M'aura dit : Fais ton paquet,
Je veux, jusque dans la barque,
Lui rabattre son caquet ;
Je chanterai : Ma défroque
N'est pas celle d'un capon,
Et des Parques *je me moque
Comme de Colin Tampon.* (*bis*)

ANTIGNAC.

BIBI OU MA CARRIÈRE BACHIQUE

CHANSONNETTE ÉPICURIENNE

Air : *Gaîment je m'accommode de tout.*
  (*Le Bouffe et le Tailleur.*)

Quoiqu'un docteur censure
  Vinum,
Il est, je vous assure,
  Bonum ;
Et comme chacun pense
  Sibi,
Dès ma plus tendre enfance
  Bibi.

Je vis sur mon passage
  Aquam ;
Mais pour en faire usage
  Nunquam :
Je vis du vin à boire
  Tibi,
Tibi, mon cher Grégoire,
  Bibi.

Je fus près des bourriches
  Lœtus,
Et près de certains riches
  Mutus ;
Mais toujours sous les treilles
  Ubi
Je trouvai des bouteilles
  Bibi.

Paris fut mon asile...
  Erit ;
Et si quelque imbécile
  Quærit :

« Dis-moi, pour être utile
Urbi,
« Que fis-tu dans la ville ?... »
Bibi.

Si j'ai craint les batailles
Multum,
J'ai fait voir aux futailles
Vultum ;
Moins fatal qu'Alexandre
Orbi,
Sans rien réduire en cendre,
Bibi.

Jadis, fêtant sans cesse
Bacchum,
J'enivrais ma maîtresse
Mecum :
Resté seul, j'eus des craintes
Morbi ;
Pour braver ses atteintes,
Bibi.

Je fis parfois à table
Carmen
Non pour rendre durable
Nomen,
J'ignorai l'art sublime
Phœbi ;
Pour rencontrer la rime
Bibi.

Par Bacchus je respire,
Bibo,
Et lorsqu'au sombre empire
Ibo,
Narguant la soif fatale
Ibi,
Je veux dire à Tantale :
Bibi.

Armand Gouffé.

TE SOUVIENS-TU

Te souviens-tu, disait un capitaine
Au vétéran qui mendiait son pain,
Te souviens-tu qu'autrefois dans la plaine
Tu détournas un sabre de mon sein ?
Sous les drapeaux d'une mère chérie,
Tous deux jadis nous avons combattu,
Je m'en souviens, car je te dois la vie.
Mais toi, soldat, dis-moi, t'en souviens-tu ? } *Bis.*

Te souviens-tu de ces jours trop rapides,
Où le Français acquit tant de renom,
Te souviens-tu que sur les Pyramides
Chacun de nous osa graver son nom ?
Malgré les vents, malgré la terre et l'onde,
On vit flotter, après l'avoir vaincu,
Notre étendard sur le berceau du monde.
Dis-moi, soldat, dis-moi, t'en souviens-tu ? } *Bis.*

Te souviens-tu que les preux d'Italie
Ont vainement combattu contre nous ?
Te souviens-tu que les preux d'Ibérie
Devant nos chefs ont plié les genoux ?
Te souviens-tu qu'aux champs de l'Allemagne,
Nos bataillons, arrivant impromptu,
En quatre jours ont fait une campagne,
Dis-moi, soldat, dis-moi, t'en souviens-tu ? } *Bis.*

Te souviens-tu de ces plaines glacées,
Où le Français, abordant en vainqueur,
Vit sur son front les neiges amassées,
Glacer son corps sans refroidir son cœur ?

Souvent alors, au milieu des alarmes,
Nos pleurs coulaient, mais notre œil abattu
Brillait encor lorsqu'on volait aux armes. ⎫
Dis-moi, soldat, dis-moi, t'en souviens-tu ? ⎭ *Bis.*

T'en souviens-tu qu'un jour notre patrie,
Vivante encor, descendit au cercueil,
Et que l'on vit dans Lutèce flétrie
Des étrangers marcher avec orgueil ?
Grave en ton cœur ce jour pour le maudire,
Et quand Bellone enfin aura paru,
Qu'un chef jamais n'ait besoin de te dire, ⎫
Dis-moi, soldat, dis-moi, t'en souviens-tu ? ⎭ *Bis.*

Debraux.

FANFAN LA TULIPE

Comme l'mari d'notre mère
Doit toujours s'app'ler papa,
Je vous dirai que mon père
Un certain jour me happa,
Puis me m'nant jusqu'au bas de la rampe
M'dit ces mots qui m'mirent tout sens d'ssus d'ssous :
    J'te dirai, ma foi,
      Qui gnia plus pour toi
        Rien chez nous,
        V'là cinq sous,
        Et décampe :
        En avant,
      Fanfan la Tulipe,
      Oui, mill'noms d'un' pipe,
        En avant !

Puisqu'il est d'fait qu'un jeune homme,
Quand il a cinq sous vaillant,
Peut aller d'Paris à Rome,
Je partis en sautillant.
L'premier jour j'trottais comme un ange.
Mais l'lend'main je mourais quasi d'faim.
      Un r'cruteur passa
      Qui me proposa,
        Pas d'orgueil,
        J'm'en bats l'œil,
        Faut que j'mange :
        En avant, etc.

Quand j'entendis la mitraille,
Comm' je r'grettais mes foyers !
Mais quand j'vis à la bataille
Marcher nos vieux grenadiers ;

Un instant nous somm's toujours ensemble,
Ventrebleu ! me dis-je alors tout bas :
  Allons, mon enfant,
  Mon petit Fanfan,
   Vite au pas,
   Qu'on n' dis' pas
   Que tu trembles :
   En avant, etc.

En vrai soldat de la garde,
Quand les feux étaient cessés,
Sans r'garder à la cocarde,
J'tendais la main aux blessés ;
D'insulter des homm's vivant encore
Quand j'voyais des lâch's se faire un jeu,
  Quoi ! mill' ventrebleu !
  Devant moi, morbleu !
   J'souffrirais
   Qu'un Français
   S'déshonore ?
   En avant, etc.

Vingt ans soldat, vaill' que vaille,
Quoiqu'au d'voir toujours soumis,
Un' fois hors du champ d'bataille
J'n'ai jamais connu d'enn'mis.
Des vaincus la touchante prière
M'fit toujours voler à leur secours ;
  P'têt' c'que j'fais pour eux,
  Les malheureux
   L'f'ront un jour
   A leur tour
   Pour ma mère :
   En avant, etc.

A plus d'un' gentill' friponne
Mainte fois j'ai fait la cour,
Mais toujours à la dragonne,
C'est vraiment l'chemin l'plus court.
Et j'disais quand un' fille un peu fière
Sur l'honneur se mettait à dada :

              N'tremblons pas pour ça,
                  Ces vertus-là
                  Tôt ou tard
                  Finiss'nt par
                  S'laisser faire :
                  En avant, etc.

        Mon père, dans l'infortune,
        M'app'la pour le protéger ;
        Si j'avais eu d'la rancune,
        Quel moment pour me venger !
    Mais un franc et loyal militaire
    D' ses parents doit toujours être l'appui :
                Si j'n'avais eu qu'lui
                J's'rais aujourd'hui
                    Mort de faim ;
                    Mais enfin
                    C'est mon père :
                    En avant, etc.

        Maintenant je me repose
        Sous le chaume hospitalier,
        Et j'y cultive la rose,
        Sans négliger le laurier.
    D'mon armur' je détache la rouille.
    Si le roi m'app'lait dans les combats,
                De nos jeun's soldats
                Guidant les pas,
                    J'm'écrierais :
                    J'suis Français !
                    Qui touch' mouille :
                    En avant, etc.

                                      DEBRAUX.

LA PROMENADE SENTIMENTALE
ou
LE DANGER DE SORTIR SANS ARGENT

Air : *Partant pour la Syrie.*

Partant pour la Villette,
Le jeune et beau François
Dit un jour à Fanchette :
« Veux-tu t'en v'nir au bois ? »
Plaignez l'amant fidèle,
Délicat et galant,
Qui, pour prom'ner sa belle,
N'a pas un sou vaillant.

Ils partent : l'temps s'barbouille,
Si ben qu'ça tombe à seau,
Et qu'l'averse les mouille,
Qu' tout collait sur leur peau.
Plaignez l'amant fidèle,
Délicat et galant,
Qui, pour sécher sa belle.
N'a pas un sou vaillant.

Fanchette alors propose,
Passant d'vant z'un bouchon,
D's'y rafraîchir d'queuqu'chose,
N'fût-ce qu' d'un pied d'cochon.
Plaignez l'amant fidèle,
Délicat et galant,
Qui, pour traiter sa belle,
N'a pas un sou vaillant.

De son cou, blanc comm' cire,
L'vent fait voler l'mouchoir
Et j'n'ai pas besoin d'dire
Tout c'que ça laisse voir.

Plaignez l'amant fidèle,
Délicat et galant,
Qui, pour voiler sa belle,
N'a pas un sou vaillant.

Bientôt nouvell' disgrâce :
En sautant un ruisseau,
L'sabot d'Fanchette s'casse
Et v'là son pied dans l'eau.
Plaignez l'amant fidèle,
Délicat et galant,
Qui, pour chausser sa belle,
N'a pas un sou vaillant.

Plus loin, autre anicroche :
L'parasol d'un benêt
D'la pauvr' Fanchette accroche
Et déchire l'bonnet.
Plaignez l'amant fidèle,
Délicat et galant,
Qui, pour coiffer sa belle,
N'a pas un sou vaillant.

Tandis qu' Fanchette endève,
L'carrosse d'un péquin
D'un coup d'brancard lui crève
Tout l'dos d'son casaquin.
Plaignez l'amant fidèle,
Délicat et galant,
Qui, pour nipper sa belle,
N'a pas un sou vaillant.

Un gros doguin qui joue,
Sur Fanchett' s'élançant,
L'y caresse la joue,
Qu'elle en est tout en sang.
Plaignez l'amant fidèle,
Délicat et vaillant,
Qui, pour panser sa belle,
N'a pas un sou vaillant.

La voyant z'évanouie
Chacun dit qu'un mat'las
La rendra z'à la vie :
V'là François dans d'beaux draps.
Plaignez l'amant fidèle,
Délicat et galant,
Qui, pour coucher sa belle,
N'a pas un sou vaillant.

Chez ell' François la r'mène,
Et l'y d'mand', par pitié,
Qu' pour prix de tout' sa peine,
All' d'vienne sa moitié.
Va donc, z'amant fidèle,
Dit-elle en s'rhabillant,
Faut, pour avoir un' belle,
Avoir queuqu's sous vaillant.

ENVOI AUX AMATEURS

V'là ma chanson finie ;
Mais comme c'n'est pas l'Pérou,
A tout' la compagnie
J'la donne pour un sou.
Et faut qu' l'amant fidèle,
Qui r'fus'rait, z'en passant,
D'en régaler sa belle,
N'ait pas un sou vaillant.

DÉSAUGIERS.

LA TREILLE DE SINCÉRITÉ

Air nouveau.

Nous n'avons plus cette merveille,
Ce phénomène regretté,
    La treille
    De sincérité. } *Bis.*

Cette treille miraculeuse,
Dont la vertu tient du roman,
Passa longtemps pour fabuleuse
Chez le Gascon et le Normand ; (*bis*)
Mais des garants très authentiques
Ont lu, dans un savant bouquin,
Que son raisin, des plus antiques,
Existait sous le roi Pépin...
Nous n'avons plus, etc.

Un docteur qui faisait parade
De son infaillibilité,
Allant visiter un malade,
Vit le raisin, et fut tenté.
Puis de son homme ouvrant la porte,
Et le trouvant sans pouls ni voix :
« C'est, dit-il, (le diable m'emporte !)
Le trentième depuis un mois.
Nous n'avons plus, etc.

Un auteur, sous un frais ombrage,
Lisant un poème fort beau,
A chaque feuille de l'ouvrage
S'humectait d'un raisin nouveau.
« Çà, lui dit-on, un tel poème
Vous a coûté six mois et plus ?...
— Non, reprit-il à l'instant même...
Il m'a coûté cinquante écus. »
Nous n'avons plus, etc.

Sous la treille un petit Pompée
Criait aux badauds étonnés :
« Dans ma vie, ah ! quels coups d'épée,
Quels coups de sabre j'ai donnés !
Quels coups de fusil ! Quels coups... » Leste,
Il mord la grappe là-dessus,
Et poursuit d'un air plus modeste :
« Quels coups de bâton j'ai reçus ! »
Nous n'avons plus, etc.

Au moment de donner la vie
A l'héritier de son époux,
Une jeune femme eut envie
De ce raisin si beau, si doux !...
Et le pauvre homme, ayant pour elle
Cueilli le fruit qu'elle happa :
« Que mon cousin, lui dit la belle,
Sera content d'être papa ! »
Nous n'avons plus, etc.

Un curé, que le saint bréviaire
Amusait moins que le bon vin,
S'avisa de monter en chaire
Plein du jus du fatal raisin.
« Frères, dit-il à l'auditoire,
Malgré tout ce que je vous dis,
Je sais aimer, chanter et boire,
Et je fais gras les vendredis... »
Nous n'avons plus, etc.

Mais hélas ! par l'ordre du prince,
Ce raisin, justement vanté,
Un jour du fond de sa province,
Près du trône fut transplanté.
Pauvre treille, autrefois si belle,
Que venais-tu faire à la cour ?
L'air en fut si malsain pour elle
Qu'elle y mourut le premier jour.
Nous n'avons plus, etc.

Désaugiers.

LE DIEU DES BONNES GENS

Air du vaudeville de la Partie carrée.

Il est un Dieu, devant qui je m'incline,
Pauvre et content, sans lui demander rien.
De l'univers observant la machine,
J'y vois du mal, et n'aime que le bien.
Mais le plaisir à ma philosophie
Revèle assez des cieux intelligents.
Le verre en main, gaîment je me confie
  Au Dieu des bonnes gens.

Dans ma retraite où l'on voit l'indigence,
Sans m'éveiller, assise à mon chevet,
Grâce aux amours, bercé par l'espérance,
D'un lit plus doux je rêve le duvet.
Aux dieux des cours qu'un autre sacrifie !
Moi, qui ne crois qu'à des dieux indulgents,
Le verre en main, gaîment je me confie
  Au Dieu des bonnes gens.

Un conquérant, dans sa fortune altière,
Se fit un jeu des sceptres et des lois,
Et de ses pieds on peut voir la poussière
Empreinte encor sur le bandeau des rois.
Vous rampiez tous, ô rois qu'on déifie !
Moi, pour braver des maîtres exigeants,
Le verre en main, gaîment je me confie
  Au Dieu des bonnes gens.

Dans nos palais, où, près de la Victoire,
Brillaient les Arts, doux fruits des beaux climats,
J'ai vu du Nord les peuplades sans gloire
De leurs manteaux secouer les frimas.
Sur nos débris Albion nous défie ;
Mais les destins et les flots sont changeants :
Le verre en main, gaîment je me confie
  Au Dieu des bonnes gens.

Quelle menace un prêtre fait entendre !
Nous touchons tous à nos derniers instants :
L'éternité va se faire comprendre ;
Tout va finir, l'univers et le temps.
O chérubins à la face bouffie,
Réveillez donc les morts peu diligents !
Le verre en main, gaiment je me confie
    Au Dieu des bonnes gens.

Mais quelle erreur ! Non, Dieu n'est point colère ;
S'il créa tout, à tout il sert d'appui :
Vins qu'il nous donne, amitié tutélaire,
Et vous, amours, qui créez après lui,
Prêtez un charme à ma philosophie
Pour dissiper des rêves affligeants.
Le verre en main, que chacun se confie
    Au Dieu des bonnes gens.

BÉRANGER.

LES ENFANTS DE LA FRANCE

1819

Air du vaudeville de *Turenne.*

Reine du monde, ô France ! ô ma patrie !
Soulève enfin ton front cicatrisé.
Sans qu'à tes yeux leur gloire en soit flétrie,
De tes enfants l'étendard s'est brisé. (*bis*)
Quand la Fortune outrageait leur vaillance,
Quand de tes mains tombait ton sceptre d'or,
   Tes ennemis disaient encor :
   Honneur aux enfants de la France ! (*bis*).

De tes grandeurs tu sus te faire absoudre,
France, et ton nom triomphe des revers.
Tu peux tomber, mais c'est comme la foudre,
Qui se relève et gronde au haut des airs.
Le Rhin aux bords ravis à ta puissance
Porte à regret le tribut de ses eaux ;
   Il crie au fond de ses roseaux :
   Honneur aux enfants de la France !

Pour effacer des coursiers du barbare
Les pas empreints dans tes champs profanés,
Jamais le ciel te fut-il moins avare !
D'épis nombreux vois ces champs couronnés.
D'un vol fameux prompts à venger l'offense (1),
Vois les beaux-arts, consolant leurs autels,
   Y graver en traits immortels :
   Honneur aux enfants de la France !

Prête l'oreille aux accents de l'histoire :
Quel peuple ancien devant toi n'a tremblé ?

(1) La spoliation du musée.

Quel nouveau peuple, envieux de ta gloire,
Ne fut cent fois de ta gloire accablé ?
En vain l'Anglais a mis dans la balance
L'or que pour vaincre ont mendié les rois,
   Des siècles entends-tu la voix :
   Honneur aux enfants de la France !

Dieu, qui punit le tyran et l'esclave,
Veut te voir libre, et libre pour toujours.
Que tes plaisirs ne soient plus une entrave :
La liberté doit sourire aux amours.
Prends son flambeau, laisse dormir sa lance ;
Instruis le monde, et cent peuples divers
   Chanteront en brisant leurs fers :
   Honneur aux enfants de la France !

Relève-toi, France, reine du monde !
Tu vas cueillir tes lauriers les plus beaux.
Oui, d'âge en âge, une palme féconde
Doit de tes fils protéger les tombeaux. (*bis*)
Que près du mien, telle est mon espérance,
Pour la Patrie admirant mon amour,
   Le voyageur répète un jour :
   Honneur aux enfants de la France !

BÉRANGER.

FRÉTILLON

Air : *Ma commère, quand je danse.*

Francs amis des bonnes filles,
Vous connaissez Frétillon,
Ses charmes aux plus gentilles
Ont fait baisser pavillon.
    Ma Frétillon, (*bis*)
      Cette fille
      Qui frétille
N'a pourtant qu'un cotillon.

Deux fois elle eut équipage,
Dentelles et diamants,
Et deux fois mit tout en gage
Pour quelques fripons d'amants.
    Ma Frétillon,
      Cette fille
      Qui frétille
Reste avec un cotillon.

Point de dame qui la vaille :
Cet hiver dans son taudis,
Couché presque sur la paille,
Mes sens étaient engourdis ;
    Ma Frétillon,
      Cette fille
      Qui frétille
Mit sur moi son cotillon.

Mais que vient-on de m'apprendre ?
Quoi ! le peu qui lui restait,
Frétillon a pu le vendre
Pour un fat qui la battait !

Ma Frétillon,
    Cette fille
    Qui frétille
A vendu son cotillon.

En chemise, à la croisée,
Il lui faut tendre ses lacs.
A travers la toile usée
Amour lorgne ses appas.
    Ma Frétillon,
    Cette fille
    Qui frétille
Est si bien sans cotillon !

Seigneurs, banquiers et notaires
La feront encor briller ;
Puis encor des mousquetaires
Viendront la déshabiller.
    Ma Frétillon, (*bis*)
    Cette fille
    Qui frétille
Mourra sans un cotillon.

Béranger.

LE GRENIER

Air du Carnaval de Meissonnier.

Je viens revoir l'asile où ma jeunesse
De la misère a subi les leçons ;
J'avais vingt ans, une folle maîtresse,
De francs amis, et l'amour des chansons.
Bravant le monde, et les sots, et les sages,
Sans avenir, riche de mon printemps,
Leste et joyeux, je montais six étages.
Dans un grenier qu'on est bien à vingt ans !

C'est un grenier, point ne veux qu'on l'ignore :
Là fut mon lit, bien chétif et bien dur ;
Là fut ma table ; et je retrouve encore
Trois pieds d'un vers charbonnés sur le mur.
Apparaissez, plaisirs de mon bel âge,
Que d'un coup d'aile a fustigés le temps ;
Vingt fois pour vous j'ai mis ma montre en gage.
Dans un grenier qu'on est bien à vingt ans !

Lisette ici doit surtout apparaître,
Vive, jolie, avec un frais chapeau :
Déjà sa main à l'étroite fenêtre
Suspend son châle en guise de rideau.
Sa robe aussi va parer ma couchette ;
Respecte, Amour, ses plis longs et flottants.
J'ai su depuis qui payait sa toilette.
Dans un grenier qu'on est bien à vingt ans !

A table, un jour, jour de grande richesse,
De mes amis les voix brillaient en chœur,
Quand jusqu'ici monte un cri d'allégresse :
A Marengo, Bonaparte est vainqueur !

LA CHANSON FRANÇAISE

Le canon gronde, un autre chant commence.
Nous célébrons tant de faits éclatants ;
Les rois jamais n'envahiront la France.
Dans un grenier qu'on est bien à vingt ans !

Quittons ce toit où ma raison s'enivre.
Oh ! qu'ils sont loin, ces jours si regrettés !
J'échangerais ce qui me reste à vivre
Contre un des mois qu'ici Dieu m'a comptés.
Pour rêver gloire, amour, plaisir, folie,
Pour dépenser sa vie en peu d'instants,
D'un long espoir pour la voir embellie,
Dans un grenier qu'on est bien à vingt ans !

BÉRANGER.

LES GUEUX

1812

Air : Première ronde du *Départ pour Saint-Malo*.

    Les gueux, les gueux,
   Sont les gens heureux :
   Ils s'aiment entre eux,
    Vivent les gueux !

Des gueux chantons la louange ;
Que de gueux hommes de bien !
Il faut qu'enfin l'esprit venge
L'honnête homme qui n'a rien.
    Les gueux, les gueux
   Sont les gens heureux :
   Ils s'aiment entre eux !
    Vivent les gueux !

Oui, le bonheur est facile
Au sein de la pauvreté :
J'en atteste l'Evangile ;
J'en atteste ma gaieté.
    Les gueux, les gueux, etc.

Au Parnasse la misère
Longtemps a régné, dit-on :
Quels biens possédait Homère ?
Une besace, un bâton.
    Les gueux, les gueux, etc.

Vous qu'afflige la détresse,
Croyez que plus d'un héros,
Dans le soulier qui le blesse,
Peut regretter ses sabots.
    Les gueux, les gueux, etc.

Du faste qui vous étonne
L'exil punit plus d'un grand ;
Diogène dans sa tonne
Brave en paix un conquérant.
      Les gueux, les gueux, etc.

D'un palais l'éclat vous frappe,
Mais l'ennui vient y gémir.
On peut bien manger sans nappe ;
Sur la paille on peut dormir.
      Les gueux, les gueux, etc.

Quel Dieu se plaît et s'agite
Sur ce grabat qu'il fleurit ?
C'est l'Amour qui rend visite
A la Pauvreté qui rit.
      Les gueux, les gueux, etc.

L'Amitié, que l'on regrette,
N'a point quitté nos climats ;
Elle trinque à la guinguette,
Assise entre deux soldats.
      Les gueux, les gueux, etc.

BÉRANGER.

LES HIRONDELLES

Air de la Romance de Joseph.

Captif au rivage du Maure,
Un guerrier, courbé sous ses fers,
Disait : Je vous revois encore,
Oiseaux ennemis des hivers.
Hirondelles, que l'espérance
Suit jusqu'en ces brûlants climats,
Sans doute vous quittez la France :
De mon pays ne me parlez-vous pas ?

Depuis trois ans je vous conjure
De m'apporter un souvenir
Du vallon où ma vie obscure
Se berçait d'un doux souvenir,
Au détour d'une eau qui chemine
A flots purs, sous de frais lilas,
Vous avez vu notre chaumine :
De ce vallon ne me parlez-vous pas ?

L'une de vous peut-être est née
Au toit où j'ai reçu le jour ;
Là, d'une mère infortunée
Vous avez dû plaindre l'amour.
Mourante, elle croit à toute heure
Entendre le bruit de mes pas ;
Elle écoute, et puis elle pleure :
De son amour ne me parlez-vous pas ?

Ma sœur est-elle mariée ?
Avez-vous vu de nos garçons,
La foule, aux noces conviée,
La célébrer dans leurs chansons ?

LA CHANSON FRANÇAISE

    Et ces compagnons du jeune âge
    Qui m'ont suivi dans les combats,
    Ont-ils revu tous le village ?
De tant d'amis ne me parlez-vous pas ?

    Sur leurs corps l'étranger peut-être
    Du vallon reprend le chemin ;
    Sous mon chaume il commande en maitre,
    De ma sœur il trouble l'hymen.
    Pour moi plus de mère qui prie,
    Et partout des fers ici-bas.
    Hirondelles de ma patrie,
De ces malheurs ne me parlez-vous pas ?

BÉRANGER.

LES INFIDÉLITÉS DE LISETTE

Air : Ermite, bon ermite.

Lisette, dont l'empire
S'étend jusqu'à mon vin,
J'éprouve le martyre
D'en demander en vain.
Pour souffrir qu'à mon âge
Les coups me soient comptés
Ai-je compté, volage,
Tes infidélités ?
Lisette, ma Lisette,
Tu m'as trompé toujours ;
Mais vive la grisette !
   Je veux, Lisette,
    Boire à nos amours.

Lindor, par son audace,
Met ta ruse en défaut ;
Il te parle à voix basse,
Il soupire tout haut.
Du tendre espoir qu'il fonde
Il m'instruisit d'abord.
De peur que je n'en gronde,
Verse au moins jusqu'au bord.
Lisette, ma Lisette, etc.

Avec l'heureux Clitandre
Lorsque je te surpris,
Vous comptiez d'un air tendre
Les baisers qu'il t'a pris.
Ton humeur peu sévère
En comptant les doubla ;
Remplis encor mon verre
Pour tous ces baisers-là.
Lisette, ma Lisette, etc.

Mondor, qui toujours donne
Et rubans et bijoux,
Devant moi te chiffonne
Sans te mettre en courroux.
J'ai vu sa main hardie
S'égarer sur ton sein ;
Verse jusqu'à la lie
Pour un si grand larcin.
Lisette, ma Lisette, etc.

Certain soir je pénètre
Dans ta chambre, et sans bruit
Je vois par la fenêtre
Un voleur qui s'enfuit.
Je l'avais, dès la veille,
Fait fuir de ton boudoir.
Ah ! qu'une autre bouteille
M'empêche de tout voir !
Lisette, ma Lisette, etc.

Tous, comblés de tes grâces,
Mes amis sont les tiens,
Et ceux dont tu te lasses,
C'est moi qui les soutiens.
Qu'avec ceux-là, traîtresse,
Le vin me soit permis :
Sois toujours ma maîtresse
Et gardons nos amis.
Lisette, ma Lisette, etc.

BÉRANGER.

JACQUES

Air de *Jeannot et Colin*.

Jacques, il me faut troubler ton somme.
Dans le village, un gros huissier
Rôde et court, suivi du messier.
C'est pour l'impôt, las ! mon pauvre homme.

Lève-toi, Jacques, lève-toi ;
Voici venir l'huissier du roi.

Regarde : le jour vient d'éclore ;
Jamais si tard tu n'as dormi.
Pour vendre, chez le vieux Rémi,
On saisissait avant l'aurore.

Lève-toi, Jacques, etc.

Pas un sou ! Dieu ! je crois l'entendre.
Écoute les chiens aboyer.
Demande un mois pour tout payer.
Ah ! si le roi pouvait attendre !

Lève-toi, Jacques, etc.

Pauvres gens ! l'impôt nous dépouille !
Nous n'avons, accablés de maux,
Pour nous, ton père et six marmots,
Rien que ta bêche et ma quenouille.

Lève-toi, Jacques, etc.

On compte, avec cette masure,
Un quart d'arpent, cher affermé.
Par la misère il est fumé :
Il est moissonné par l'usure.

Lève-toi, Jacques, etc.

Beaucoup de peine et peu de lucre.
Quand d'un porc aurons-nous la chair ?
Tout ce qui nourrit est si cher !
Et le sel aussi, notre sucre !

Lève-toi, Jacques, etc.

Du vin soutiendrait ton courage ;
Mais les droits l'ont bien renchéri.
Pour en boire un peu, mon chéri,
Vends mon anneau de mariage.

Lève-toi, Jacques, etc.

Rêverais-tu que ton bon ange
Te donne richesse et repos ?
Que sont aux riches les impôts ?
Quelques rats de plus dans leur grange.

Lève-toi, Jacques, etc.

Il entre, ô ciel ! que dois-je craindre ?
Tu ne dis mot ! quelle pâleur !
Hier tu t'es plaint de ta douleur,
Toi qui souffres tant sans te plaindre !

Lève-toi, Jacques, etc.

Elle appelle en vain ; il rend l'âme.
Pour qui s'épuise à travailler
La mort est un doux oreiller.
Bonnes gens, priez pour sa femme.

Lève-toi, Jacques, etc.

BÉRANGER.

L'ORAGE

Air : *C'est l'amour, l'amour.*

    Chers enfants, dansez, dansez !
        Votre âge
      Échappe à l'orage ;
   Par l'espoir gaîment bercés
   Dansez, chantez, dansez !

A l'ombre de vertes charmilles,
Fuyant l'école et les leçons,
Petits garçons, petites filles,
Vous voulez danser aux chansons.
     En vain ce pauvre monde
     Craint de nouveaux malheurs !
     En vain la foudre gronde,
     Couronnez-vous de fleurs.

   Chers enfants, etc.

L'éclair sillonne le nuage,
Mais il n'a point frappé vos yeux.
L'oiseau se tait dans le feuillage ;
Rien n'interrompt vos chants joyeux.
     J'en crois votre allégresse :
     Oui, bientôt, d'un ciel pur
     Vos yeux, brillants d'ivresse,
     Réfléchiront l'azur.

   Chers enfants, etc.

Vos pères ont eu bien des peines ;
Comme eux ne soyez point trahis.
D'une main ils brisaient leurs chaînes,
De l'autre ils vengeaient leur pays.
     De leur char de victoire
     Tombés sans déshonneur,

Ils vous lèguent la gloire :
Ce fut tout leur bonheur.

Chers enfants, etc.

Au bruit de lugubres fanfares,
Hélas ! vos yeux se sont ouverts.
C'était le clairon des Barbares
Qui vous annonçait nos revers.
    Dans le fracas des larmes,
    Sous nos toits en débris,
    Vous mêliez à nos armes
    Votre premier souris.

Chers enfants, etc.

Vous triompherez des tempêtes
Où notre courage expira :
C'est en éclatant sur nos têtes
Que la foudre nous éclaira.
    Si le Dieu qui vous aime
    Crut devoir nous punir,
    Pour vous sa main ressème
    Les champs de l'avenir.

Chers enfants, etc.

Enfants, l'orage, qui redouble,
Du Sort présage le courroux.
Le Sort ne vous cause aucun trouble,
Mais à mon âge on craint ses coups.
    S'il faut que je succombe
    En chantant nos malheurs,
    Déposez sur ma tombe
    Vos couronnes de fleurs.

Chers enfants, etc.

Béranger.

LE PETIT HOMME GRIS

Air : *Toto, Carabo.*

Il est un petit homme
Tout habillé de gris,
   Dans Paris,
Joufflu comme une pomme,
Qui, sans un sou comptant,
   Vit content,
  Et dit : Moi, je m'en...
  Et dit : Moi, je m'en...
Ma foi, moi, je m'en ris !
Oh ! qu'il est gai (*bis*) le petit homme gris !

A courir les fillettes,
A boire sans compter,
   A chanter,
Il s'est couvert de dettes ;
Mais, quant aux créanciers,
   Aux huissiers
  Il dit : etc.

Qu'il pleuve dans sa chambre,
Qu'il s'y couche le soir
   Sans y voir ;
Qu'il lui faille en décembre
Souffler, faute de bois,
   Dans ses doigts,
  Il dit : etc.

Sa femme, assez gentille,
Fait payer ses atours
   Aux amours :
Aussi, plus elle brille,

> Plus on le montre au doigt.
>> Il le voit,
>> Et dit : etc.
>
> Quand la goutte l'accable
> Sur un lit délabré,
>> Le curé,
> De la mort et du diable
> Parle à ce moribond,
>> Qui répond :
>> Ma foi, etc.

BÉRANGER.

LE ROI D'YVETOT

Mai 1813

Air : *Quand un tendron vient en ces lieux.*

Il était un roi d'Yvetot
  Peu connu dans l'histoire,
Se levant tard, se couchant tôt,
  Dormant fort bien sans gloire
Et couronné par Jeanneton
D'un simple bonnet de coton,
    Dit-on.
Oh ! oh ! oh ! oh ! ah ! ah ! ah ! ah !
Quel bon petit roi c'était là !
    La, la.

Il faisait ses quatre repas
  Dans son palais de chaume,
Et sur son âne, pas à pas,
  Parcourait son royaume.
Joyeux, simple et croyant le bien,
Pour toute garde il n'avait rien
    Qu'un chien.
Oh ! oh ! oh ! oh ! etc.

Il n'avait de goût onéreux
  Qu'une soif un peu vive ;
Mais en rendant son peuple heureux,
  Il faut bien qu'un roi vive.
Lui-même, à table et sans suppôt,
Sur chaque muid levait un pot
    D'impôt.
Oh ! oh ! oh ! oh ! etc.

Aux filles de bonnes maisons
  Comme il avait su plaire,
Ses sujets avaient cent raisons
  De le nommer leur père :
D'ailleurs il ne levait le ban
Que pour tirer quatre fois l'an
    Au blanc.
Oh ! oh ! oh ! oh ! etc.

Il n'agrandit point ses Etats,
  Fut un voisin commode,
Et, modèle des potentats,
  Prit le plaisir pour code.
Ce n'est que lorsqu'il expira
Que le peuple qui l'enterra
    Pleura.
Oh ! oh ! oh ! oh ! etc.

On conserve encor le portrait
  De ce digne et bon prince ;
C'est l'enseigne d'un cabaret
  Fameux dans la province.
Les jours de fête, bien souvent,
La foule s'écrie en buvant
    Devant :
Oh ! oh ! oh ! oh ! etc.

                                BÉRANGER.

LA SAINTE-ALLIANCE DES PEUPLES

Chanson chantée à Liancourt, pour la fête donnée par M. le Duc de la Rochefoucauld en réjouissance de l'évacuation du territoire français au mois d'octobre 1818.

Air du *Dieu des bonnes gens*.

J'ai vu la Paix descendre sur la terre,
Semant de l'or, des fleurs et des épis.
L'air était calme, et du dieu de la guerre
Elle étouffait les foudres assoupis.
« Ah ! disait-elle, égaux par la vaillance,
« Français, Anglais, Belge, Russe ou Germain,
« Peuples, formez une Sainte-Alliance,
  « Et donnez-vous la main.

« Pauvres mortels, tant de haine vous lasse ;
« Vous ne goûtez qu'un pénible sommeil.
« D'un globe étroit divisez mieux l'espace ;
« Chacun de vous aura place au soleil.
« Tous attelés au char de la puissance,
« Du vrai bonheur vous quittez le chemin.
« Peuples, formez une Sainte-Alliance,
  « Et donnez-vous la main.

« Chez vos voisins vous portez l'incendie ;
« L'aquilon souffle, et vos toits sont brûlés ;
« Et quand la terre est enfin refroidie,
« Le soc languit sous des bras mutilés.
« Près de la borne où chaque État commence,
« Aucun épi n'est pur de sang humain.
« Peuples, formez une Sainte-Alliance,
  « Et donnez-vous la main.

« Des potentats, dans vos cités en flammes,
« Osent, du bout de leur sceptre insolent,
« Marquer, compter et recompter les âmes
« Que leur adjuge un triomphe sanglant.
« Faibles troupeaux, vous passez, sans défense,
« D'un joug pesant sous un joug inhumain.
« Peuples, formez une Sainte-Alliance,
　　« Et donnez-vous la main.

« Que Mars en vain n'arrête point sa course ;
« Fondez les lois dans vos pays souffrants ;
« De votre sang ne livrez plus la source
« Aux rois ingrats, aux vastes conquérants.
« Des astres faux conjurez l'influence ;
« Effroi d'un jour, ils pâliront demain.
« Peuples, formez une Sainte-Alliance,
　　« Et donnez-vous la main.

« Oui, libre enfin, que le monde respire ;
« Sur le passé jetez un voile épais.
« Semez vos champs aux accords de la lyre ;
« L'encens des arts doit brûler pour la paix.
« L'espoir riant, au sein de l'abondance,
« Accueillera les doux fruits de l'hymen.
« Peuples, formez une Sainte-Alliance,
　　« Et donnez-vous la main. »

Ainsi parlait cette vierge adorée,
Et plus d'un roi répétait ses discours.
Comme au printemps la terre était parée ;
L'automne en fleurs rappelait les amours.
Pour l'étranger, coulez, bons vins de France :
De sa frontière il reprend le chemin.
Peuples, formez une Sainte-Alliance,
　　Et donnez-vous la main.

BÉRANGER.

LE SÉNATEUR

1813

Air : *J'ons un curé patriote.*

Mon épouse fait ma gloire :
Rose a de si jolis yeux !
Je lui dois, l'on peut m'en croire,
Un ami bien précieux.
Le jour où j'obtins sa foi,
Un sénateur vint chez moi.
    Quel honneur !
    Quel honneur !
Ah ! monsieur le sénateur
Je suis votre humble serviteur.

De ses faits je tiens registre :
C'est un homme sans égal.
L'autre hiver, chez un ministre,
Il mena ma femme au bal.
S'il me trouve en son chemin,
Il me frappe dans la main.
    Quel honneur ! etc.

Près de Rose il n'est point fade,
Et n'a rien d'un freluquet.
Lorsque ma femme est malade,
Il fait mon cent de piquet.
Il m'embrasse au jour de l'an ;
Il me fête à la Saint-Jean.
    Quel honneur ! etc.

Chez moi qu'un temps effroyable
Me retienne après dîner,
Il me dit d'un air aimable :
« Allez donc vous promener ;

« Mon cher, ne vous gênez pas,
« Mon équipage est là-bas. »
    Quel honneur! etc.

Certain soir à sa campagne
Il nous mena par hasard ;
Il m'enivra de champagne
Et Rose fit lit à part :
Mais de la maison, ma foi,
Le plus beau lit fut pour moi.
    Quel honneur! etc.

A l'enfant que Dieu m'envoie
Pour parrain je l'ai donné.
C'est presque en pleurant de joie
Qu'il baise le nouveau-né ;
Et mon fils, dès ce moment,
Est mis sur son testament.
    Quel honneur! etc.

A table il aime qu'on rie ;
Mais parfois j'y suis trop vert.
J'ai poussé la raillerie
Jusqu'à lui dire au dessert :
On croit, j'en suis convaincu,
Que vous me faites c...
    Quel honneur! etc.

BÉRANGER.

LE VENTRU AUX ÉLECTIONS DE 1819

Air : *Faut d'la vertu, pas trop n'en faut.*

Autour du pot c'est trop tourner, } *Bis.*
Messieurs ! l'on m'attend pour dîner. }

Électeurs, j'ai, sans nul mystère,
Fait de bons dîners l'an passé.
On met la table au ministère :
Renommez-moi, je suis pressé.

Autour du pot, etc.

Préfets, que tout nous réussisse,
Et du moins vous conserverez,
Si l'on vous traduit en justice,
Le droit de choisir les jurés.

Autour du pot, etc.

Maires, soignez bien mes affaires :
Vous courez aussi des dangers.
Si les villes nommaient leurs maires,
Moins de loups deviendraient bergers.

Autour du pot, etc.

Dévots, j'ai la foi la plus forte ;
A Dieu je dis chaque matin :
Faites qu'à cent écus l'on porte
La patente d'ignorantin.

Autour du pot, etc.

Ultras, c'est moi qu'il faut qu'on nomme ;
Faisons la paix, preux chevaliers ;
N'oubliez pas que je suis homme
A manger à deux rateliers.

Autour du pot, etc.

Libéraux, dans vos doléances,
Pourquoi donc vous en prendre à moi,
Quand le creuset des ordonnances
Peut faire évaporer la loi ?

Autour du pot, etc.

Les emplois étant ma ressource,
Aux impôts dois-je m'opposer ?
Par honneur je remplis la bourse
Où par devoir j'aime à puiser.

Autour du pot, etc.

On craindrait l'équité farouche
D'un tas d'orateurs éclatants ;
Moi, dès que j'ouvrirai la bouche,
Les ministres seront contents.

Autour du pot, etc.

BÉRANGER.

LE VIEUX SERGENT

1823

Air : *Dis-moi, soldat, dis-moi, t'en souviens-tu ?*

Près du rouet de sa fille chérie
Le vieux sergent se distrait de ses maux,
Et, d'une main que la balle a meurtrie,
Berce en riant deux petits fils jumeaux.
Assis tranquille au seuil du toit champêtre,
Son seul refuge après tant de combats,
Il dit parfois : « Ce n'est pas tout de naître ;
« Dieu, mes enfants, vous donne un beau trépas ! »

Mais qu'entend-il ? le tambour qui résonne :
Il voit au loin passer un bataillon.
Le sang remonte à son front qui grisonne ;
Le vieux coursier a senti l'aiguillon.
Hélas ! soudain tristement il s'écrie :
« C'est un drapeau que je ne connais pas.
« Ah ! si jamais vous vengez la patrie,
« Dieu, mes enfants, vous donne un beau trépas !

« Qui nous rendra, dit cet homme héroïque,
« Aux bords du Rhin, à Jemmape, à Fleurus,
« Ces paysans fils de la République,
« Sur la frontière à sa voix accourus ?
« Pieds nus, sans pain, sourds aux lâches alarmes,
« Tous à la gloire allaient du même pas.
« Le Rhin lui seul peut retremper nos armes.
« Dieu, mes enfants, vous donne un beau trépas !

« De quel éclat brillaient dans la bataille
« Ces habits bleus par la Victoire usés !
« La liberté mêlait à la mitraille
« Des fers rompus et des sceptres brisés.

« Les nations, reines par nos conquêtes,
« Ceignaient de fleurs le front de nos soldats.
« Heureux celui qui mourut dans ces fêtes !
« Dieu, mes enfants, vous donne un beau trépas !

« Tant de vertu trop tôt fut obscurcie.
« Pour s'anoblir nos chefs sortent des rangs ;
« Par la cartouche encor toute noircie
« Leur bouche est prête à flatter les tyrans.
« La liberté déserte avec ses armes ;
« D'un trône à l'autre ils vont offrir leurs bras ;
« A notre gloire on mesure nos larmes.
« Dieu, mes enfants, vous donne un beau trépas ! »

Sa fille alors, interrompant sa plainte,
Tout en filant lui chante à demi-voix
Ces airs proscrits qui, les frappant de crainte,
Ont en sursaut réveillé tous les rois.
« Peuple, à ton tour que ces chants te réveillent :
« Il en est temps ! » dit-il aussi tout bas.
Puis il répète à ses fils qui sommeillent :
« Dieu, mes enfants, vous donne un beau trépas ! »

Béranger.

LE VIEUX VAGABOND

Air : *Guide mes pas, ô Providence!* (Des *Deux Journées*.)

Dans ce fossé cessons de vivre ;
Je finis vieux, infirme et las.
Les passants vont dire : Il est ivre.
Tant mieux ! Ils ne me plaindront pas.
J'en vois qui détournent la tête :
D'autres me jettent quelques sous.
Courez vite ; allez à la fête.
Vieux vagabond, je puis mourir sans vous.

Oui, je meurs ici de vieillesse,
Parce qu'on ne meurt pas de faim.
J'espérais voir de ma détresse
L'hôpital adoucir la fin ;
Mais tout est plein dans chaque hospice,
Tant le peuple est infortuné !
La rue, hélas ! fut ma nourrice.
Vieux vagabond, mourons où je suis né.

Aux artisans, dans mon jeune âge,
J'ai dit : Qu'on m'enseigne un métier.
Va, nous n'avons pas trop d'ouvrage,
Répondaient-ils ; va mendier.
Riches, qui me disiez : Travaille,
J'eus bien des os de vos repas ;
J'ai bien dormi sur votre paille.
Vieux vagabond, je ne vous maudis pas.

J'aurais pu voler, moi, pauvre homme ;
Mais non : mieux vaut tendre la main.
Au plus, j'ai dérobé la pomme
Qui mûrit au bord du chemin.

Vingt fois pourtant on me verrouille
Dans les cachots, de par le roi.
De mon seul bien on me dépouille.
Vieux vagabond, le soleil est à moi.

Le pauvre a-t-il une patrie ?
Que me font vos vins et vos blés,
Votre gloire et votre industrie,
Et vos orateurs assemblés ?
Dans vos murs ouverts à ses armes,
Lorsque l'étranger s'engraissait,
Comme un sot j'ai versé des larmes.
Vieux vagabond, sa main me nourrissait.

Comme un insecte fait pour nuire,
Hommes, que ne m'écrasiez-vous ?
Ah ! plutôt vous deviez m'instruire
A travailler au bien de tous.
Mis à l'abri du vent contraire,
Le ver fût devenu fourmi ;
Je vous aurais chéris en frère.
Vieux vagabond, je meurs votre ennemi.

Béranger.

LA PARISIENNE

1830

Peuple français, peuple de braves,
La liberté r'ouvre ses bras !
On nous disait : Soyez esclaves,
Nous avons dit : Soyons soldats !
Soudain Paris, dans sa mémoire,
A retrouvé son cri de gloire :
En avant, marchons contre leurs canons,
A travers le fer, le feu des bataillons,
    Courons à la victoire ! (*bis*)

Serrez vos rangs, qu'on se soutienne.
Marchons : chaque enfant de Paris
De sa cartouche citoyenne
Fait une offrande à son pays.
O jour d'éternelle mémoire !
Paris n'a plus qu'un cri de gloire :
En avant, marchons, etc.

La mitraille en vain nous dévore,
Elle enfante des combattants ;
Sous les boulets voyez éclore
Ces vieux généraux de vingt ans.
O jour d'éternelle mémoire !
Paris n'a plus qu'un cri de gloire :
En avant, marchons, etc.

Pour briser leurs masses profondes,
Qui conduit nos drapeaux sanglants ?
C'est la liberté des deux mondes,
C'est La Fayette en cheveux blancs.
O jour d'éternelle mémoire !
Paris n'a plus qu'un cri de gloire :
En avant, marchons, etc.

Les trois couleurs sont revenues,
Et la colonne, avec fierté,
Fait briller à travers les nues
L'arc-en-ciel de sa liberté.
O jour d'éternelle mémoire !
Paris n'a plus qu'un cri de gloire :
En avant, marchons, etc.

Soldat du drapeau tricolore,
D'Orléans ! toi qui l'as porté,
Ton sang se mêlerait encore
A celui qu'il nous a coûté ;
Comme aux beaux jours de notre histoire,
Tu redirais ce cri de gloire :
En avant, marchons, etc.

Tambours, du convoi de nos frères
Roulez le funèbre signal,
Et nous, de lauriers populaires
Chargeons leur cercueil triomphal.
O temple de deuil et de gloire,
Panthéon, reçois leur mémoire.
Portons-les, marchons, découvrons nos fronts,
Soyez immortels, vous tous que nous pleurons,
Martyrs de la victoire ! (*bis*)

CASIMIR DELAVIGNE.

LE RHIN ALLEMAND
(1840)

Nous l'avons eu, votre Rhin allemand.
　Il a tenu dans notre verre.
　Un couplet qu'on s'en va chantant
　Efface-t-il la trace altière
Du pied de nos chevaux marqué dans votre sang ?

Nous l'avons eu, votre Rhin allemand.
　Son sein porte une plaie ouverte,
　Du jour où Condé triomphant
　A déchiré sa robe verte.
Où le père a passé, passera bien l'enfant.

Nous l'avons eu, votre Rhin allemand.
　Que faisaient vos vertus germaines,
　Quand notre César tout-puissant
　De son ombre couvrait vos plaines ?
Où donc est-il tombé, ce dernier ossement ?

Nous l'avons eu, votre Rhin allemand.
　Si vous oubliez votre histoire,
　Vos jeunes filles, sûrement,
　Ont mieux gardé notre mémoire ;
Elles nous ont versé votre petit vin blanc.

S'il est à vous, votre Rhin allemand,
　Lavez-y donc votre livrée ;
　Mais parlez-en moins fièrement.
　Combien, au jour de la curée,
Étiez-vous de corbeaux contre l'aigle expirant ?

Qu'il coule en paix, votre Rhin allemand ;
　Que vos cathédrales gothiques
　S'y reflètent modestement ;
　Mais craignez que vos airs bachiques
Ne réveillent les morts de leur repos sanglant.

Alfred de Musset.

LE LAVOIR

Tous les jours, moins le dimanche,
On entend le gai battoir
Battre la lessive blanche
Dans l'eau verte du lavoir.

Une rigole en vieux chêne
Au lavoir amène l'eau
De la colline prochaine
Où se tient caché l'écho,
L'écho qui jase et babille
Et redit tous nos lazzis ;
Car nous lavons en famille
Tout le linge du pays.

Tous les jours, etc.

La margelle est une pierre
Aussi lisse qu'un miroir ;
Un vieux toit fourni de lierre
Tient à l'abri le lavoir ;
De l'iris les feuilles vives
Y dardent leurs dards pointus ;
Pour embaumer nos lessives
Sa racine a des vertus.

Tous les jours, etc.

La vieille branlant mâchoire
Qui se souvient de cent ans,
Conte aux jeunes quelque histoire
Aussi vieille que le Temps ;
C'est Satan qui se démène
Dans le corps d'un vieux crapaud,
Ou bien c'est quelque âme en peine
Qui, la nuit, vient troubler l'eau.

Tous les jours, etc.

Tout en jasant la sorcière
Tord son linge à tour de bras ;
Auprès fume une chaudière,
C'est comme aux anciens sabbats.
Mais dans un coin la fillette
Qui veut plaire à son galant,
Mire dans l'eau sa cornette,
Sa ceinture et son bras blanc.

Tous les jours, etc.

Pierre Dupont.

LE CHIEN DE BERGER

J'aime mon chien, un bon gardien,
Qui mange peu, travaille bien,
Plus fin que le garde champêtre ;
Quand mes moutons je mène paître,
Du loup je ne redoute rien,
Avec mon chien, mon bon gardien,
    Finaud, mon chien !

Toujours crotté, sans goût ni grâce,
Finaud n'est pas trop déplaisant,
Il a la queue en cor de chasse,
Les yeux brillants du ver luisant ;
Ses crocs sont prêts, son poil de chèvre
Se dresse dru comme des clous,
Dès qu'il sent la trace du lièvre,
Dès qu'il sent la trace des loups.

J'aime mon chien, etc.

Il entend la brebis qui bêle,
Au loin il court la rallier ;
Il joue avec la blanche agnèle,
Il lutte avec le vieux bélier ;

Quand je siffle ou quand je fais signe,
Il se donne du mouvement,
Comme un sergent qui range en ligne
Les conscrits de son régiment.

J'aime mon chien, etc.

Depuis dix ans à mon service,
Finaud est bon, il est très bon ;
Je ne lui connais pas de vice,
Il ne prend ni lard ni jambon ;
Il ne touche pas au fromage,
Non plus qu'au lait de mes brebis ;
Il ne dépense à mon ménage
Que de l'eau claire et du pain bis.

J'aime mon chien, etc.

Un jour, près d'une fondrière,
Jeanne, en conduisant son troupeau,
Dégringola dans la rivière ;
Finaud la repêcha dans l'eau.
Et moi j'aurai la récompense,
Jeanne me prend pour épouseur.
C'est tout de même vrai, j'y pense,
Que les chiens n'ont pas de bonheur !

J'aime mon chien, etc.

Pierre Dupont.

LES BŒUFS
1845

J'ai deux grands bœufs dans mon étable,
Deux grands bœufs blancs marqués de roux ;
La charrue est en bois d'érable,
L'aiguillon en branche de houx ;
C'est par leurs soins qu'on voit la plaine
Verte l'hiver, jaune l'été ;
Ils gagnent dans une semaine
Plus d'argent qu'ils n'en ont coûté.

    S'il me fallait les vendre,
    J'aimerais mieux me pendre ;
J'aime Jeanne ma femme : eh bien, j'aimerais mieux
  La voir mourir, que voir mourir mes bœufs.

Les voyez-vous, les belles bêtes,
Creuser profond et tracer droit,
Bravant la pluie et les tempêtes,
Qu'il fasse chaud, qu'il fasse froid.
Lorsque je fais halte pour boire,
Un brouillard sort de leurs naseaux,
Et je vois sur leur corne noire
Se poser les petits oiseaux.

    S'il me fallait, etc.

Ils sont forts comme un pressoir d'huile,
Ils sont doux comme des moutons.
Tous les ans on vient de la ville
Les marchander dans nos cantons
Pour les mener aux Tuileries,
Au Mardi Gras devant le Roi
Et puis les vendre aux boucheries ;
Je ne veux pas, ils sont à moi.

    S'il me fallait, etc.

Quand notre fille sera grande,
Si le fils de notre Régent
En mariage la demande,
Je lui promets tout mon argent ;
Mais si pour dot il veut qu'on donne
Les grands bœufs blancs marqués de roux,
Ma fille, laissons la couronne
Et ramenons les bœufs chez nous.

    S'il me fallait, etc.

Pierre Dupont.

LE CHANT DES OUVRIERS [1]

1846

Nous dont la lampe, le matin,
Au clairon du coq se rallume,
Nous tous qu'un salaire incertain
Ramène avant l'aube à l'enclume,
Nous qui des bras, des pieds, des mains,
De tout le corps luttons sans cesse,
Sans abriter nos lendemains
Contre le froid de la vieillesse,

Aimons-nous, et quand nous pouvons
Nous unir pour boire à la ronde,
Que le canon se taise ou gronde,
    Buvons,
A l'indépendance du monde !

Nos bras, sans relâche tendus,
Aux flots jaloux, au sol avare,
. Ravissent leurs trésors perdus ;
Ce qui nourrit et ce qui pare :

---

[1] Voir la musique au supplément.

Perles, diamants et métaux,
Fruit du coteau, grain de la plaine ;
Pauvres moutons, quels bons manteaux
Il se tisse avec notre laine !

Aimons-nous, etc.

Quel fruit tirons-nous des labeurs
Qui courbent nos maigres échines ?
Où vont les flots de nos sueurs ?
Nous ne sommes que des machines.
Nos Babels montent jusqu'au ciel,
La terre nous doit ses merveilles :
Dès qu'elles ont fini le miel,
Le maître chasse les abeilles.

Aimons-nous, etc.

Mal vêtus, logés dans des trous,
Sous les combles, dans les décombres
Nous vivons avec les hiboux
Et les larrons amis des ombres ;
Cependant notre sang vermeil
Coule impétueux dans nos veines ;
Nous nous plairions au grand soleil,
Et sous les rameaux verts des chênes.

Aimons-nous, etc.

A chaque fois que par torrents
Notre sang coule sur le monde,
C'est toujours pour quelques tyrans
Que cette rosée est féconde ;
Ménageons-la dorénavant,
L'amour est plus fort que la guerre ;
En attendant qu'un meilleur vent
Souffle du ciel ou de la terre,

Aimons-nous, etc.

Pierre Dupont.

LE CHANT DES NATIONS
1847

Tous les captifs qui sur la terre
Courbaient leur front, l'ont relevé
Pour commencer la grande guerre,
Par qui leur droit sera sauvé.
Ils ont fait ranger à leur tête
Les hommes libres, leurs aînés,
Qui s'en vont calmes à la fête
Devant ces lions déchaînés.

Le jour des grands destins se lève
Au son du cuivre et du tambour.
O guerre ! c'est ton dernier jour !
Le glaive brisera le glaive
Et du combat naîtra l'amour.

Chaque patrie envoie un nombre
De combattants pris au hasard
Parmi ceux qui souffraient dans l'ombre :
Ah ! ils se sont levés trop tard !
Mais leur colère amoncelée
Fera d'un coup rompre leurs fers,
Et l'on verra dans la mêlée
Quels maux leurs grands cœurs ont soufferts.
Le jour des grands destins, etc.

Les couleurs de mille bannières
Flottant au front des légions,
Rappellent aux yeux les frontières
Qui séparaient les nations ;
Mais l'espérance étant commune,
Ces bannières vont se mêlant,

Ces nations n'en font plus qu'une
Sous le drapeau bleu, rouge et blanc.

Le jour, etc.

Faut-il que la foule avilie
D'un seul orgueil soit l'instrument,
Et que son échine assouplie
Redoute un brutal châtiment !
Ce n'est point ainsi qu'on nous mène,
On n'emprisonne pas le feu,
Et l'immortelle race humaine
Porte en ses flancs l'âme de Dieu.

Le jour, etc.

Sur son beau cheval de bataille
Le despote accourt furieux :
La fusillade et la mitraille
Pleuvront au signe de ses yeux.
Marchons en colonne serrée
Sur son armée au sombre abord,
Lentement, comme la marée,
Entre les écueils de son bord.

Le jour, etc.

Il voudrait encor nous voir vivre
Enchaînés comme des démons.
Nos ossements, comme le givre,
Blanchiront la plaine et les monts
Avant cette honte suprême
De subir son joug détesté.
Dieu seul est grand, il veut qu'on l'aime
Et qu'on le serve en liberté.

PIERRE DUPONT.

LE CHANT DU VOTE

1849

De Février gardons mémoire,
Ne laissons pas perdre les fruits
Conquis au jour de la victoire
Par les pavés et les fusils.
Mêlant sa blouse à l'uniforme,
Le peuple au bourgeois confondu
Acclamait : « Vive la Réforme ! »
La République a répondu :

O République tutélaire,
Ne remonte jamais au ciel,
Idéal incarné sur terre
Par le suffrage universel !

La République militante,
Lasse de voir le sang couler,
De sa robe a fait une tente
Où tous peuvent se rassembler.
Plus de paria, plus d'ilote,
Chacun a son droit de cité,
Et sur son bulletin de vote
Peut écrire sa volonté.

O République, etc.

Du jour qu'avec indépendance
Chacun peut exprimer son vœu,
En face de sa conscience,
Le scrutin est la voix de Dieu.
Plus de tyran qui nous domine
Au nom d'un caprice mouvant ;
Tous ont parlé... chacun s'incline
Comme les cèdres sous le vent.

O République, etc.

Plus de sujet qui ploie et tremble
Sous le poids d'un sceptre ou d'un nom ;
Dans le forum quand on s'assemble,
Chacun dit oui, chacun dit non.
Ah ! qu'une surprise nocturne
N'attente jamais au scrutin !
Montons la garde autour de l'urne,
C'est l'arche de notre destin.

O République, etc.

Quand la vapeur est comprimée,
Elle couve une explosion :
La plainte du pauvre enfermée
Fait lever l'insurrection.
Faibles mains, vos pieuses ligues
Ne font qu'attiser le volcan :
Gardez-vous de toucher aux digues
Qui tiennent encor l'Océan !

O République, etc.

S'il est vrai qu'une tourbe infâme,
Disposant du fer et du feu,
Veuille enchainer le corps et l'âme
Du peuple, ce vrai fils de Dieu ;
Fais voir, en déjouant la ruse,
O République ! à ces pervers,
Ta grande face de Méduse
Au milieu des rouges éclairs !

O République, etc.

Pierre Dupont.

SURGITE MORTUI

Couplets chantés à un déjeuner dont tous les convives
avaient tenté ou médité le suicide.

Vous, qui mourez à tout propos,
    Et six fois par semaine,
    Çà reprenez haleine :
Le dimanche est jour de repos.
        Sortis de terre
        Par un mystère,
Morts, buvons frais : le suicide altère ;
    Déjeunons encor, puis mourons...
    Mourons de rire, ou bien courons
Nous pendre ailleurs... à des bras blancs et ronds.
      Surgite, pour me suivre,
      Mortui, qu'on s'enivre ;
Le verre en main, essayons de revivre !

    Bien qu'aux mansardes logés tous,
        L'Espérance nous reste,
        Habitante céleste,
    De plain-pied entre chez nous.
           Sous la tutelle
           De l'immortelle
Marchons unis : Encor un jour, dit-elle ;
    Demain les roses fleuriront,
    Demain les vignes mûriront,
Demain vos Christs du tombeau sortiront.
      Surgite, pour me suivre,
      Mortui, qu'on s'enivre ;
Le verre en main, essayons de revivre !

    Roucoulant d'amour sous un toit,
        Vrai cœur de tourterelle,

Quand tu mourais pour elle,
Ami, Claire vivait pour toi :
    Magicienne
    Aérienne,
De sa fenêtre elle lorgnait la tienne,
  Et, par les fentes du volet,
  Vers ton front sous le pistolet,
De ses doigts blancs un baiser s'envolait.
    Surgite, pour me suivre,
    Mortui, qu'on s'enivre ;
Le verre en main, essayons de revivre !

Point de blasphèmes : autant vaut
    Aboyer à la lune.
    La Gloire et la Fortune
Ont fait leurs nids d'aigle bien haut ;
    Mais, en campagne,
    Sur la montagne,
Jeunes chasseurs, si le sommeil vous gagne,
  Qu'au voisin glacé par le vent
  Un camarade bon vivant
Tende sa gourde et répète : En avant !
    Surgite, pour me suivre,
    Mortui, qu'on s'enivre ;
Le verre en main, essayons de revivre !

J'ai quelque droit, vous le sentez,
    De prêcher sur ce thème ;
    J'en suis au quatrième
De mes suicides tentés.
    En vain je blâme,
    Ce siècle infâme ;
En vain cent fois j'ai dit : *Partez, mon âme !*
  Que Dieu seul la pousse dehors ;
  Rose y tient : je garde mon corps ;
Ses jolis yeux font revenir les morts.
    Surgite, pour me suivre,
    Mortui, qu'on s'enivre :
Le verre en main, essayons de revivre !

Suicide, monstre odieux,
    Devant notre eau bénite
    Rentre aux enfers bien vite...
Mais il vient et sur nous, grands Dieux !
    Frelon morose,
    Il se repose :
Pour le chasser, prenons le schall de Rose.
    Les enfants nés dans ce repas
    D'une rasade et d'un faux pas
Vivront cent ans, et ne se tueront pas !
    Surgite, pour me suivre,
    Mortui, qu'on s'enivre ;
Le verre en main, essayons de revivre !

Hégésippe Moreau.

BALLADE DE JÉSUS-CHRIST

Jésus-Christ s'habille en pauvre : } *Bis.*
Faites-moi la charité.
Des miettes de votre table
Je ferai bien mon dîner.

Les miettes de notre table, } *Bis.*
Nos chiens les mangeront bien.
Ils nous rapportent des lièvres,
Toi tu ne rapportes rien.

Madame, qu'êt-s-en fenêtre, } *Bis.*
Faites-moi la charité !
— Ah ! montez, montez, bon pauvre,
Un bon souper trouverez.

Après qu'ils eurent soupé, } *Bis.*
Il demande à se coucher.
Ah ! montez, montez, bon pauvre,
Un bon lit frais trouverez.

Comme ils montaient les degrés, } *Bis.*
Trois beaux anges les éclairaient.
— Ah ! ne craignez rien, Madame,
C'est la lune qui paraît.

— Dans trois jours vous mourerez, } *Bis.*
En paradis vous irez,
Et votre mari, Madame,
En enfer ira brûler.

(Version de la Picardie.)

BONJOUR, MADAME DU CÉANS

Bonjour, madame du céans, (*bis*)
  Bonjour la compagnie,
Man tire lire, lou la. (*bis*)

  — Je n'suis pas venu ici
  Pour pleurer ni pour rire.

  Mais j'suis bien venu ici
  Fair' la cour à vos fill's.

— Monsieur, laquell' désirez-vous ?
  La grande ou la petite ?

— La petit', madam', s'il vous plaît ;
  Ell' est la plus gentill' ;

Car l'autre est toujours au foyer
  Qui pleure et qui soupire.

— Taisez-vous, taisez-vous, ma sœur,
  Vous aurez un plus riche.

Vous aurez un riche marchand
  Marchand de pomm's cuites,

Et qui ira de vill' en ville :
  « A un sou la pomme cuite ! »

(Recueillie dans le Finistère.)

C'EST D'UNE JEUNE FILLE

C'est d'une jeune fille, *allons gai,*
C'est d'une jeune fille
De Saint-Martin-des-Prés,
Ma luron, ma lurette,
De Saint-Martin-des-Prés
Ma luron, ma luré.

Son amant va la voir
Bien tard après souper.

Il la trouva seulette
Sur son lit qui pleurait.

Lui a demandé : Belle,
Qu'avez-vous à pleurer ?

— J'ai beau pleurer, dit-elle,
Si pleurs me servaient ;

J'ai ouï de vos nouvelles
Que v'alliez nous quitter.

— Ceux qui vous l'ont dit, belle,
V'ont dit la vérité !

Les chevaux sont aux portes
Tout sellés, tout bridés.

Faut plus que la gaulette
Pour les faire marcher.

Quant il fut sur les landes
Entend cloches sonner.

Il demande à son page :
— Qu'ont les cloch' à sonner ?

— C'est le glas de la belle
Qui vient de trépasser.

— Prête-moi, camarade,
Ton épée pour me tuer.

— Faut-il pour une fille
Qu'un garçon se tuerait !
J'allons à la Hollande
J'en trouverons assez,

Des petites et des grandes,
Des brunettes à charmer.

Sur le mot de son page
L'amant s'est consolé !

(Recueillie dans les Côtes-du-Nord en 1855.)

C'EST LA VIEILLE MATHURINE

C'est la vieille Mathurine
Qui a tant aimé le vin ; (bis)
Elle a été si malade
Qu'il lui faut un médecin,
    Tintin, tirlitintine,
    Tintin, tirlitintin.

Le médecin lui ordonne
De ne plus boire de vin. (bis)
— J'en ai bu toute ma vie,
J'en boirai jusqu'à la fin.
    Tintin, etc.

Si je meurs, que l'on m'enterre
Dans la cave où est le vin ; (bis)
Les pieds contre la muraille,
La tête sous le robin.
    Tintin, etc.

Qu'on écrive sur ma tombe
En caractères très fins :
C'est la vieille Mathurine
Qui a tant aimé le vin !
    Tintin, tirlitintine.
    Tintin, tirlitintin.

(Chanson du Finistère.)

CHANSON DE LA GERBE

Ah ! salut à la bourgeoise
Et le bourgeois en suivant.
Ah ! battu j'avons la gerbe
Aujourd'hui joyeusement !

Voici la Saint-Jean qu'arrive,
Et le mois d'août en suivant.

Par un matin je m'y lève,
Par un beau soleil levant.

Dans mon jardin je suis entré,
Par une porte d'argent.

J'y vois planté-z-un romarin,
Qui fleurissait rouge et blanc.

J'en ai vit' coupé un' branche
Avec mes ciseaux d'argent.

Je l'envoie à ma maîtresse
Par le rossignol chantant.

Ell' m'y envoie un mot d' lettre
Par l'alouette des champs.

Et moi qui ne sais pas lire,
Je sais bien ce qu'il y a d'dans.

Il y a dedans la lettre :
Mon ami, je vous aim' tant.

Nous avons battu l'avoine,
Le blé, l'orge et le froment.

(Normandie.)

LA BELLE EST AU JARDIN D'AMOUR

La belle est au jardin d'amour,
Voilà z'un mois ou six semaines,
Son père la cherche partout
Et son amant est bien en peine.

Berger, berger, n'as-tu pas vu,
N'as-tu pas vu la beauté même ?
« Comment est-elle donc vêtue ?
Est-elle en soie, est-elle en laine ? »

Elle est vêtue en satin blanc,
Et dans ses mains blanches mitaines ;
Ses cheveux, qui flottent au vent,
Ont une odeur de marjolaine.

Elle est là-bas, dans ces vallons,
Assise au bord d'une fontaine ;
Dans ses mains tient un bel oiseau,
A qui la bell' conte sa peine.

Petit oiseau, tu es heureux
D'être ainsi auprès de ma belle !
Et moi je suis son amoureux,
Je ne puis pas m'approcher d'elle !

Peut-on être auprès du rosier
Sans en pouvoir cueillir la rose ?
« Cueillissez-la si vous voulez,
Car c'est pour vous qu'elle est déclose. »

(Version du Poitou.)

LE CONFESSEUR

C'était un petit moine blanc
Qui confessait trois fillettes
Et tout en les confessant
Il leur parlait d'amourettes.
*Je n'vous connais pas
Je n'sais qui vous êtes.*

Et tout en les confessant
Il leur parlait d'amourettes.
Laquelle donc de vous trois
Veut monter dans ma chambrette?

Laquelle donc de vous trois
Veut monter dans ma chambrette?
— Cela n'sera ni moi — ni moi —
Pour moi je suis trop jeunette.

Cela n'sera ni moi — ni moi —
Pour moi je suis trop jeunette.
Le bon père, voyant ça,
De dépit fut dire sa messe.

Le bon père, voyant ça,
De dépit fut dire sa messe.
Quand il fut à *secula*
Il pensa à la fillette.

Quand il fut à *secula*
Il pensa à la fillette :
Secula seculorum!
Que n'es-tu dans ma chambrette !

Secula seculorum!
Que n'es-tu dans ma chambrette !
Son petit clerc lui répond :
Ça n'est pas dans votre messe.

Son petit clerc lui répond :
Ça n'est pas dans votre messe.
— Tais-toi donc, petit fripon,
Si ça n'y est pas je veux l'y mettre.
*Je n'vous connais pas,
Je n'sais qui vous êtes.*

(Poitou.)

NOUS N'IRONS PLUS AU BOIS

Nous n'irons plus au bois,
Les lauriers sont coupés ;
La belle que voilà,
La lairons-nous danser ?
  Entrez dans la danse,
  Fait's la révérence,
    Sautez,
    Dansez,
Embrassez cell' que vous aimez.

La belle que voilà,
La lairons-nous danser ?
Et les lauriers du bois,
Les lairons-nous faner ?
  Entrez, etc.

Et les lauriers du bois,
Les lairons-nous faner ?
Non, chacune à son tour
Ira les ramasser.
  Entrez, etc.

Non, chacune à son tour
Ira les ramasser
Si la cigale y dort,
Ne faut pas la blesser.
  Entrez, etc.

Si la cigale y dort,
Ne faut pas la blesser,
Le chant du rossignol
La viendra réveiller.
 Entrez, etc.

Le chant du rossignol
La viendra réveiller,
Et aussi la fauvette
Avec son doux gosier.
 Entrez, etc.

Et aussi la fauvette
Avec son doux gosier,
Et Jeanne la bergère
Avec son blanc panier.
 Entrez, etc.

Et Jeanne la bergère
Avec son blanc panier,
Allant cueillir la fraise
Et la fleur d'églantier.
 Entrez, etc.

Allant cueillir la fraise
Et la fleur d'églantier.
Cigale, ma cigale,
Allons, il faut chanter.
 Entrez, etc.

Cigale, ma cigale,
Allons, il faut chanter,
Car les lauriers du bois
Sont déjà repoussés :
 Entrez dans la danse,
 Fait's la révérence,
  Sautez,
  Dansez,
Embrassez cell' que vous aimez.

(Ronde populaire.)

VENTREBLEU ! MARION

— *Ventrebleu ! Marion*,
Qu'est donc cette clairté,
Qui est dans ta cheminée,
 Morbleu !
Qui est dans ta cheminée ?

— *Hélas !* mon bel ami,
Ce n'est pas de la clairté,
C'est l'ombre de ma fumée,
 Mon Dieu !
C'est l'ombre de ma fumée.

— Qui est donc ce chevalier
Qui est dans ton lit couché ?

— Ce n'est pas un chevalier,
C'est ma compagn' qui est couchée.

— Ta compagne était-elle belle ?
Avait-elle la barbe noire ?

— Elle a mangé des mûres noires,
Vous semblait qu'elle était noire.

— Entre les Chandelles et Pâques
Y croit-il des mûres noires ?

— Il y croit des mûres noires
Entre Pâqu's et les Chandelles.

— Qu'as-tu fait cette journée,
Qu'au logis n'tai pas trouvée ?

— J'ai z'été à la fontaine
Chercher d'l'eau pour la s'maine.

— Te fallait-il une journée
Pour aller à la fontaine ?

— Les ch'vaux d'la reine y avaient passé ;
L'eau y était troublée.

— Viens-moi montrer les passées
Qu' les chevaux d'la reine y ont laissées.

— Il a neigé cette nuitée,
Les passées sont rebouchées.

— Tu es bonn' pour une bergère,
Tu sais bien t'y retourner.

— Quand j'y étais chez mon père
J'ai toujours été bergère.

— J'irai, j'irai chez ton père,
Te ferai battr' par ta mère.

— J'irai, j'irai chez mon père,
J'aurai à dîner chez ma mère.

— Je t'y mènerai z'en lasse (1),
Je t'y ferai chien de chasse.

— Non, je n'irai point en lasse,
J'n'y serai pas chien de chasse.

— Je t'y mènerai z'en Flandre
Et puis t'y ferai pendre !

— Laissez, laissez ces potences
Pour ces grands voleurs de France.

(Version du pays messin.)

(1) En laisse.

MON MARI EST BIEN MALADE

Mon mari est bien malade,
En grand danger de mourir ;
Je vais chercher le médecin
Pour venir autour de lui.
Je t'aimerai mieux, mon mari,
Je t'aimerai mieux mort qu'en vie.

Je n'étais pas à moitié chemin
Que les cloches sonnaient pour lui.
Je m'asseois sur une pierre,
Au lieu de pleurer, je ris.

Je retourne à la maison
Je le trouve enseveli,
Je me suis mis' à pleurer
Mais ce n'était pas pour li.

C'était pour mes deux aunes de toile
Qui étaient autour de li.
Avecque mon ciseau d'argent
Point à point je l'décousis.

Je le tirai par l'oreille,
Sur la rue je le traînis ;
Quand il fut au cimetière
Au lieu de pleurer, je ris.

Je m'en vais au cabaret,
Un bon quart d'eau-de-vie j'ai pris,
Un bon quart d'eau-de-vie j'ai pris
Pour dire adieu à mon mari,
Je t'aimerai mieux, mon mari,
Je t'aimerai mieux mort qu'en vie.

(Environs de Lorient.)

OU SONT LES ROSIERS BLANCS

Où sont les rosiers blancs } *Bis.*
La belle s'y promène,
Blanche comme la neige,
Belle comme le jour,
A qui trois capitaines
Ont voulu fair' l'amour.

Le plus jeune des trois } *Bis.*
La prit par sa main blanche :
— Soupez, soupez, la belle,
Ayez bon appétit :
Entre trois capitaines
Vous passerez la nuit.

Au milieu du souper } *Bis.*
La belle tombe morte.
— Sonnez, sonnez, trompettes,
Violonnez doucement,
Car voilà ma mie morte,
J'en ai le cœur dolent.

— Où l'enterrerons-nous } *Bis.*
Cette aimable princesse ?
Au logis de son père
Il y a trois fleurs de lys ;
Nous prierons Dieu pour elle
Qu'elle aille au paradis.

Au milieu du convoi
La belle se réveille.
Disant : Courez, mon père,
Ah ! courez me venger ;
J'ai fait trois jours la morte
Pour mon honneur garder.

(Chanson des environs de Vendôme, recueillie en 1854.)

LA PERNETTE

La Pernette se lève
Trois heur's avant le jour,
   Tra la la la,
   Avant le jour.
Ell'prend sa quenouillette
Et son joli p'tit tour. *(ter)*

A chaque tour qu'ell' file
Pousse un soupir d'amour,
   Tra la la la,
   Un soupir d'amour.
Sa mère lui vient dire :
Pernette, qu'avez-vous ? *(ter)*

A vous mal à la tête
Ou bien le mal d'amour,
   Tra la la la,
   Le mal d'amour ?
— N'ai point mal à la tête,
Mais j'ai le mal d'amour ! *(ter)*

— Ne pleurez plus, ma fille,
Nous vous y marierons,
   Tra la la la,
Nous vous y marierons,
Avec le fils d'un prince,
D'un prince ou d'un baron. *(ter)*

— Je ne veux pas d'un prince
Ni du fils d'un baron,
   Tra la la la,
   Du fils d'un baron,
Je veux mon ami Pierre
Qui est dans la prison. *(ter)*

— Tu n'auras pas ton Pierre,
Nous le pendolerons,
   Tra la la la,
Nous le pendolerons.
— Si vous pendez mon Pierre,
Vous me pendrez aussi ! (*ter*)

Et sur la même branche
Nos deux corps s'uniront,
   Tra la la la,
Nos deux corps s'uniront.
Au chemin de Saint-Jacques
Enterrez-nous tous deux. (*ter*)

Couvrez Pierre de roses
Et moi de mille fleurs,
   Tra la la la,
De mille fleurs ;
Les pèlerins qui passent
En prendront quelques fleurs. (*ter*)

Et diront : Dieu ait l'âme
Des pauvres amoureux,
   Tra la la la,
Des pauvres amoureux ;
L'un pour l'amour de l'autre
Ils sont morts tous les deux. (*ter*)

(Version de la Franche-Comté.)

QUAND RENAUD DE LA GUERRE VINT

Quand Renaud de la guerre vint
Portant ses tripes dans ses mains,
Sa mère, à la fenêtre en haut,
Dit : Voici venir mon fils Renaud !

— Renaud, Renaud, réjouis-toi,
Ta femme est accouchée d'un roi.
— Ni de ma femme, ni de mon fils,
Mon cœur ne peut se réjouir.

Qu'on me fasse vite un lit blanc
Pour que j'y couche dedans. —
Et quand il fut mis dans le lit,
Pauvre Renaud rendit l'esprit.

— Or, dites-moi, mère, m'amie,
Qu'est-ce que j'entends sonner ici ?
— Ma fille, ce sont des processions
Qui sortent pour les Rogations.

— Or, dites-moi, mère, m'amie,
Qu'est-ce que j'entends cogner ici ?
— Ma fille, ce sont les charpentiers
Qui raccommodent nos greniers.

— Or, dites-moi, mère, m'amie,
Qu'est-c'que j'entends chanter ici ?
— Ma fille, ce sont les processions
Qu'on fait autour de nos maisons.

— Or, dites-moi, mère, m'amie,
Quell' rob' prendrai-je aujourd'hui ?
— Quittez le ros', quittez le gris,
Prenez le noir pour mieux choisi.

— Or, dites-moi, mère, m'amie,
Qu'ai-je donc à pleurer ici ?
— Ma fille, je ne puis plus vous l'cacher,
Renaud est mort et enterré.

— Terre, ouvre-toi, terre, fends-toi,
Que j'rejoigne Renaud, mon roi. —
Terre s'ouvrit, terre se fendit
Et la belle fut engloutie.

(Environs de Blois.)

ROSSIGNOL, BEAU ROSSIGNOL

Rossignol, beau rossignol,
Messager des amoureux,
Va me porter cette lettre
A ma mie qui est seulette
Sur son lit de blancs rideaux.

Le rossignol prend sa volée,
Au château d'amour s'en va
A la porte de la belle
Chanter une chanson nouvelle
Que la belle se réveilla.

Quel est donc ce mai charmant
Qui sur moi lève des chansons ?
Ah ! c'est votre amant, la belle,
Ah ! c'est votre amant fidèle
Qui sur vous lève des chansons.

Si c'est mon amant fidèle
Je voudrais bien lui parler,
Il est là-bas dans ces plaines,
Dans ces jolis champs d'avènes
A chasser le sanglier.

Ce n'est pas le sanglier qu'il chasse,
La belle, ce sont vos amours,
Vos amours, vos avantages,
Votre joli p'tit cœur en gage
A savoir à qui l'aura.

La nourrice qui m'a nourrie
Ne sait pas encore mon nom ;
Je me nomme Blanche Rose,
Fleur d'Épine, Blanche Rose
Fleur d'Épine, c'est mon vrai nom.

Le nom de Blanche Rose me coûte,
Il me coûte bien des tourments ;
Il me coûte, il me redouble
La valeur de cent écus,
Voilà mon honneur perdu.

Cent écus, c'est pas grand'chose,
Voilà mon honneur perdu,
Mon honneur, mon avantage
Mon joli p'tit cœur en gage
A l'ingrat qui l'aura.

(Environs de Lorient.)

SAINT NICOLAS

Légende.

Il était trois petits enfants
Qui s'en allaient glaner aux champs.

S'en vinr'nt un soir chez un boucher :
« Boucher, voudrais-tu nous loger ? »
Entrez, entrez, petits enfants.
Il y a d'la place assurément.
Il était trois petits enfants, etc.

Ils n'étaient pas sitôt entrés
Que le boucher les a tués,
Les a coupés en p'tits morceaux,
Mis au saloir comme pourceaux.
Il était trois petits enfants, etc.

Saint Nicolas, au bout d' sept ans,
Vint à passer dedans ce champ,
Alla frapper chez le boucher :
« Boucher, voudrais-tu me loger ? »
Il était trois petits enfants, etc.

— Entrez, entrez, saint Nicolas,
Pour de la place il n'en manqu' pas. »
Il n'était pas sitôt entré
Qu'il a demandé-s-à souper.
Il était trois petits enfants, etc.

« Du p'tit salé je veux avoir
Qu'il y a sept ans qu'est dans l'saloir. »
Quand le boucher entendit ça,
Hors de la porte il s'enfuya.
Il était trois petits enfants, etc.

« Boucher, boucher, ne t'enfuis pas ;
Repens-toi, Dieu t' pardonnera. »
Saint Nicolas alla s'asseoir
Dessus le bord de ce saloir.

Il était trois petits enfants, etc.

« Petits enfants, qui dormez là,
Je suis le grand saint Nicolas. »
Et le grand saint ouvrit trois doigts...
Les p'tits se lèvent tous les trois.

Il était trois petits enfants, etc.

Le premier dit : J'ai bien dormi,
Le second dit : Et moi aussi,
Et le troisième répondit :
Je me croyais en Paradis...

Il était trois petits enfants,
Qui s'en allaient glaner aux champs.

(Recueillie par Gérard de Nerval en 1857.)

LES DEUX NOTAIRES

Hé bonjour, maître Robin ;
Collègue, ouvrez-moi la porte,
C'est un contrat que j'apporte
A parapher ce matin.
La cliente est fort gentille,
Vous savez que c'est la fille
De monsieur André Bontemps ;
Elle a bientôt dix-huit ans.
 Ah ! maître Le Bègue,
 Mon très cher collègue,
Vous souvenez-vous du temps
Où nous avions dix-huit ans ?
Nous étions de gais compères
 Et nous n'étions pas,
  Hélas !
 Et nous n'étions pas
  Notaires. (bis)

Que nous étions beaux à voir
Au sein de la capitale !
Comme feu Sardanapale
Nous festinions chaque soir.
On disait : Voilà des princes
Qui sortent de leur province.
— Nous disons que le futur
Se nomme monsieur Arthur.
 — Ah ! maître Le Bègue,
 Mon très cher collègue,
Paris est un bel endroit ;
Nous y faisions notre droit,
Nous étions célibataires
 Et nous n'étions pas,
  Hélas !
 Et nous n'étions pas
  Notaires. (bis)

Te rappelles-tu Clara ?
Parbleu ! c'était la grisette
Avec son nez en trompette,
Ses yeux noirs et cætera.
— Et puis elle était si vive,
Si fidèle, si naïve !
— Hem ! Le régime adopté
Sera la communauté.
  — Ah ! maître Le Bègue,
  Mon très cher collègue,
Elle m'adorait. — Tais-toi,
Elle était folle de moi.
— Nous étions célibataires,
  Et nous n'étions pas,
   Hélas !
  Et nous n'étions pas
   Notaires. (*bis*)

Chut ! Robin, tâchons, mon vieux,
De nous regarder sans rire ;
Songe à ce qu'on pourrait dire
Si l'on nous connaissait mieux.
Tu sais bien que mon épouse
Est un tant soit peu jalouse.
— Il faut bien se résigner,
Il ne reste qu'à signer.
  Ah ! maître Le Bègue,
  Mon très cher collègue,
Vous êtes un scélérat.
N'oublions pas mon contrat.
Nous nous en passions naguère
  Quand nous n'étions pas
   Hélas !
  Quand nous n'étions pas,
   Notaires. (*bis*)

GUSTAVE NADAUD.

(HEUGEL et Cie, Éditeurs, *Au Ménestrel*, 2 bis, rue Vivienne, Paris.)

PANDORE OU LES DEUX GENDARMES

Deux gendarmes, un beau dimanche,
Chevauchaient le long d'un sentier.
L'un portait la sardine blanche,
L'autre le jaune baudrier.
Le premier dit, d'un ton sonore :
« Le temps est beau pour la saison.
— Brigadier, répondit Pandore, ⎫ *Bis.*
Brigadier, vous avez raison. » ⎭

Phœbus au bout de sa carrière
Put encor les apercevoir.
Le brigadier d'une voix claire
Troubla le silence du soir :
« Vois, dit-il, le soleil qui dore
 Les nuages à l'horizon.
— Brigadier, répondit Pandore, ⎫ *Bis.*
Brigadier, vous avez raison. » ⎭

« Ah ! c'est un métier difficile,
 Garantir la propriété,
Défendre les champs et la ville
Du vol et de l'iniquité.
Pourtant l'épouse que j'adore
Repose seule à la maison.
— Brigadier, répondit Pandore, ⎫ *Bis.*
Brigadier, vous avez raison. » ⎭

« Il me souvient de ma jeunesse.
Le temps passé ne revient pas :
J'avais une folle maîtresse
Pleine de mérite et d'appâts ;
Mais le cœur, pourquoi, je l'ignore,
Aime à changer de garnison.
— Brigadier, répondit Pandore, ⎫ *Bis.*
Brigadier, vous avez raison. » ⎭

« La gloire, c'est une couronne
Faite de rose et de lauriers.
J'ai servi Vénus et Bellonne :
Je suis époux et brigadier.
Mais je poursuis ce météore
Qui vers Colchos guidait Jason.
— Brigadier, répondit Pandore, } *Bis.*
Brigadier, vous avez raison ! »

Puis ils rêvèrent en silence,
On n'entendit plus que le pas
Des chevaux marchant en cadence.
Le brigadier ne parlait pas.
Mais quand revint la pâle aurore
On entendit un vague son :
— Brigadier, répondait Pandore, } *Bis.*
Brigadier, vous avez raison ! »

Gustave Nadaud.

(Extrait des *Nouvelles Chansons*, P.-V. Stock, Éditeur, Paris.)

CHAUVIN

Air du *Vieux Drapeau*.

Par la volonté d'un despote
Nos chers enfants étaient partis...
Ils sont tombés anéantis
A Wissembourg et Gravelotte.
Du haut des airs, corbeaux, vautours,
Guettent leurs corps jonchant la terre.
La belle chose que la guerre !
Sonnez, clairons ! Battez, tambours !

« Ne plaignez pas les militaires,
Me dit un grognard d'autrefois.
Admirez ma jambe de bois,
J'ai figuré dans vingt affaires.
Au moindre rantanplan, j'accours ;
A moi, chauvin, la gloire est chère ! »
La belle chose que la guerre !
Sonnez, clairons ! Battez, tambours !

« Au camp entouré de fumée
On boit sans vin, on dort sans lit ;
L'on va, l'on vient, l'on obéit,
L'oreille au guet, mèche allumée,
On s'entr'égorge tous les jours,
Au lendemain ne pensant guère. »
La belle chose que la guerre !
Sonnez, clairons ! Battez, tambours !

« On dit : « Vieux soldat, vieille bête ! »
Nous méritons le nom de grand,
Quand Bonaparte en conquérant
Marchait superbe à notre tête.
Alors nous fêtions les amours
Par le viol et l'adultère. »
La belle chose que la guerre !
Sonnez, clairons ! Battez, tambours !

« On tuait les hommes, les femmes,
On dévalisait les maisons ;
Sous prétexte de trahisons
Tout disparaissait dans les flammes.
Ah ! mon cœur s'en souvient toujours,
Pour le troupier quel doux salaire ! »
La belle chose que la guerre !
Sonnez, clairons ! Battez, tambours !

« Oui, nos aigles impériales
Ont vaincu bien des potentats :
Tout en dévastant les États
Nous rançonnions les capitales.
Au canon nous avions recours
Pour légitimer l'arbitraire. »
La belle chose que la guerre !
Sonnez, clairons ! Battez, tambours !

Pauvre vieux, tu n'es qu'une brute
Dans une culotte de peau ;
Ta gloire a perdu son drapeau
En le traînant de lutte en lutte ;
Et, pour charmer tes derniers jours
Tu t'admires en ta misère.
La belle chose que la guerre !
Sonnez, clairons ! Battez, tambours !

Hélas ! le chauvinisme en France
Tient lieu de toutes les vertus ;
Il n'enfante pas de Brutus,
Il rétrécit l'intelligence.
Pour plaire aux histrions des cours,
Caïn tue encore son frère.
La belle chose que la guerre !
Sonnez, clairons ! Battez, tambours !

PAUL AVENEL.

(Extrait de *Chants et Chansons*. A. QUANTIN, Éditeur, Paris.)

MADAME AUGUSTINE
OU LA MOUCHE POLITIQUE

Air : *La bonne aventure !*

Elle a le nez aquilin
    La voix argentine,
Le regard doux et calin,
    La bouche divine.
Elle sait, n'en doutez pas,
La valeur de ses appas,
    Madame Augustine,
        O gué,
    Madame Augustine.

Elle est dans ses airs charmants
    Mignonne et féline,
Oui, mais dans certains moments
    Elle est fort mutine.
Elle a de l'esprit, du goût
Et tient sa place partout,
    Madame Augustine, etc.

Elle a grand train de maison,
    Salon et cuisine,
Elle affiche son blason
    Plus qu'on n'imagine,
Et dans le gouvernement
Elle a toujours un amant,
    Madame Augustine, etc.

On cite un ambassadeur
    De noble origine,
Qui patronne avec ardeur
    Cette mouche fine ;
Aussi que de pauvres gens
Flattent en vrais courtisans
    Madame Augustine, etc.

Dans les fastueux salons
 Où vit la routine,
Où panaches et galons
 Trônent sur leur mine,
Aucun arrêté n'est pris
Sans que donne son avis
 Madame Augustine, etc.

Jusques à monsieur Grévy
 Qui lui tend l'échine,
Il la préfère à Ferry
 Dans ce qu'il machine.
Aussi notre faux Brutus
Aime-t-il pour ses vertus
 Madame Augustine, etc.

Voulez-vous mettre une croix
 Sur votre poitrine ?
Vous en trouverez au choix
 Dans mainte officine ;
Mais le plus sûr pour l'avoir
Est simplement d'aller voir
 Madame Augustine, etc.

Son époux, assure-t-on,
 Sert dans la marine.
Est-il à Brest, à Toulon ?
 Non, il est en Chine ;
Mais elle ne se plaint pas,
Du séjour qu'il fait là-bas
 Madame Augustine, etc.

Elle sait bien des secrets,
 Et partout domine,
Pour ses propres intérêts
 A son gré fascine
L'Elysée et l'Institut,
Et toujours atteint son but
 Madame Augustine, etc.

        PAUL AVENEL.

(Extrait de *Chants et Chansons*, A. QUANTIN, Éditeur, Paris.)

MA MIE

Air : Ne raillez pas la garde citoyenne.

Chanson, ma mie, est une bonne fille,
Qui se souvient des siècles d'autrefois ;
Ses gais flonflons, son œil brun qui pétille,
Ont conservé la gaîté des Gaulois.

En son honneur, Brennus planta la vigne
Qu'il rapportait, dit-on, des champs romains ;
Il comprenait que le vin seul est digne
Par ses glouglous d'inspirer des refrains.

Que ton nom soit : Carmagnole ou Lisette,
Ou Marseillaise, ou bien Mimi-Pinson ;
Qu'importe à moi ! Belliqueuse ou coquette
Sous ton bonnet, je te revois, chanson.

Souvent, ma mie, ivre, je t'ai surprise,
Vidant les brocs d'un capiteux clairet,
Qu'un gros bourgeois ou qu'un chantre d'église
Venait t'offrir au fond d'un cabaret.

Combien aussi sous la verte tonnelle
N'as-tu pas ri de la fleur d'oranger,
Qu'on effeuillait pendant la ritournelle
D'un fin couplet rimé par Béranger !

Et puis encore, ô ma chanson, je t'aime.
Quand tu reviens l'œil émerillonné
D'un long souper à huis clos, en carême,
Où le plaisir a bien cotillonné !

Dans les prés verts, j'ai vu ton âme éprise
S'épanouir au doux parfum des fleurs,
Et l'ouragan se transformer en brise
Pour t'apporter les suaves senteurs.

Oui, je t'adore ou sérieuse ou folle
Et je comprends tes écarts de pudeur,
Sachant fort bien qu'un peu de gaudriole
Ne peut pas nuire aux vertus de ton cœur.

A la caserne, adorable diablesse,
On applaudit à tes lazzi souvent ;
Mais on te trouve et grave et sans faiblesse
Quand il s'agit de marcher en avant !

J'aime ton vers railleur et satirique
Stigmatisant un pouvoir détesté ;
J'aime ta voix sur la place publique
Faisant entendre un cri de liberté.

Ne fus-tu pas, fougueuse Marseillaise,
Au premier rang pour combattre les rois,
Quand sans respect la royauté française
Foulait aux pieds et le peuple et les lois ?

Ne fus-tu pas sublime d'héroïsme
Quand la Patrie, un jour, fut en danger ;
L'enivrement de ton patriotisme
Sauva Paris du joug de l'étranger.

Viens, ma chanson, ma sœur en espérance,
Sous la charmille où je bois mon vin frais ;
Nous trinquerons à l'amour, à la France,
En étant fiers d'avoir un cœur français !

PAUL AVENEL.

(Extrait de *Chants et Chansons*, A. QUANTIN, Éditeur, Paris.)

LA CANAILLE

Dans la vieille cité française
Existe une race de fer,
Dont l'âme comme une fournaise
A de son feu bronzé la chair.
Tous ses fils naissent sur la paille,
Pour palais, ils n'ont qu'un taudis.
    C'est la canaille !
    Eh bien ! j'en suis !

Ce n'est pas le pilier du bagne ;
C'est l'honnête homme dont la main
Par la plume ou le marteau gagne,
En suant, son morceau de pain.
C'est le père, enfin, qui travaille
Les jours et quelquefois les nuits.
    C'est la canaille ! etc.

C'est l'artiste, c'est le bohème
Qui, sans souper, rime rêveur
Un sonnet à celle qu'il aime,
Trompant l'estomac par le cœur.
C'est à crédit qu'il fait ripaille,
Qu'il loge et qu'il a des habits.
    C'est la canaille ! etc.

C'est l'homme à la face terreuse,
Au corps maigre, à l'œil de hibou,
Au bras de fer, à main nerveuse
Qui, sortant d'on ne sait pas où,
Toujours avec esprit vous raille,
Se riant de votre mépris.
    C'est la canaille ! etc.

C'est l'enfant que la destinée
Force à rejeter ses haillons,
Quand sonne sa vingtième année,
Pour entrer dans nos bataillons.
Chair à canon de la bataille,
Toujours, il succombe sans cris...
    C'est la canaille ! etc.

Ils fredonnaient la *Marseillaise*,
Nos pères, les vieux vagabonds,
Attaquant en quatre-vingt-treize
Les bastilles dont les canons
Défendaient la vieille muraille !
Que de trembleurs ont dit depuis :
    « C'est la canaille !... » etc.

Les uns travaillent par la plume,
Le front dégarni de cheveux.
Les autres martèlent l'enclume,
Et se soûlent pour être heureux ;
Car la misère, en sa tenaille,
Fait saigner leurs flancs amaigris...
    C'est la canaille ! etc.

Enfin, c'est une armée immense,
Vêtue en haillons, en sabots.
Mais qu'aujourd'hui la vieille France
Les appelle sous ses drapeaux,
On les verra dans la mitraille,
Ils feront dire aux ennemis :
    « C'est la canaille ! »
    Eh bien ! j'en suis !

ALEXIS BOUVIER.

LE CLAIRON

L'air est pur, la route est large,
Le clairon sonne la charge,
Les zouaves vont chantant,
Et là-haut sur la colline,
Dans la forêt qui domine
Le Prussien les attend.

Le clairon est un vieux brave,
Et, lorsque la lutte est grave,
C'est un rude compagnon ;
Il a vu mainte bataille
Et porte plus d'une entaille,
Depuis les pieds jusqu'au front.

C'est lui qui guide la fête.
Jamais sa fière trompette
N'eut un accent plus vainqueur,
Et de son souffle de flamme
L'espérance vient à l'âme,
Le courage monte au cœur.

On grimpe, on court, on arrive,
Et la fusillade est vive
Et les Prussiens sont adroits,
Quand enfin le cri se jette :
« En marche ! A la baïonnette ! »
Et l'on entre sous le bois.

A la première décharge,
Le clairon sonnant la charge
Tombe frappé sans recours ;
Mais, par un effort suprême,
Menant le combat quand même
Le clairon sonne toujours.

Et cependant le sang coule,
Mais sa main, qui le refoule,
Suspend un instant la mort,
Et de sa note affolée
Précipitant la mêlée,
Le vieux clairon sonne encor.

Il est là, couché sur l'herbe,
Dédaignant, blessé superbe,
Tout espoir et tout secours ;
Et sur sa lèvre sanglante
Gardant sa trompette ardente,
Il sonne, il sonne toujours.

Puis, dans la forêt pressée,
Voyant la charge lancée
Et les zouaves bondir,
Alors le clairon s'arrête :
Sa dernière tâche est faite,
Il achève de mourir.

Paul Déroulède.

(Extrait des *Chants du Soldat*, Calmann-Lévy, Éditeur, Paris.)

LE TEMPS DES CERISES

Quand nous chanterons le temps des cerises,
Et gai rossignol, et merle moqueur
  Seront tous en fête !
Les belles auront la folie en tête
Et les amoureux, du soleil au cœur !
Quand nous chanterons le temps des cerises,
Sifflera bien mieux le merle moqueur !

Mais il est bien court, le temps des cerises
Où l'on s'en va deux, cueillir en rêvant
  Des pendants d'oreilles...
Cerises d'amour aux roses pareilles,
Tombant sous la feuille en gouttes de sang...
Mais il est bien court, le temps des cerises,
Pendants de corail qu'on cueille en rêvant !

Quand vous en serez au temps des cerises,
Si vous avez peur des chagrins d'amour,
  Évitez les belles !
Moi qui ne crains pas les peines cruelles,
Je ne vivrai point sans souffrir un jour...
Quand vous en serez au temps des cerises,
Vous aurez aussi des peines d'amour !

J'aimerai toujours le temps des cerises :
C'est de ce temps-là que je garde au cœur
  Une plaie ouverte !
Et dame Fortune, en m'étant offerte,
Ne pourra jamais fermer ma douleur...
J'aimerai toujours le temps des cerises
Et le souvenir que je garde au cœur !

J.-B. Clément.

LA « VEUVE »

A mon ami Octave Mirbeau.

La veuve, auprès d'une prison,
Dans un hangar sombre, demeure.
Elle ne sort de sa maison
Que lorsqu'il faut qu'un bandit meure.
Dans sa voiture de gala
Qu'accompagne la populace,
Elle se rend, non loin de là,
Et, triste, descend sur la place.

Avec des airs d'enterrement,
Qu'il gèle, qu'il vente ou qu'il pleuve,
Elle s'habille lentement,
    La veuve.

Les témoins, le prêtre et la loi,
Voyez, tout est prêt pour la noce.
Chaque objet trouve son emploi :
Ce fourgon noir, c'est le carrosse.
Tous les accessoires y sont :
Les deux chevaux, pour le voyage,
Et les deux paniers pleins de son :
La corbeille de mariage.

Alors tendant ses longs bras roux,
Bichonnée, ayant fait peau neuve,
Elle attend son nouvel époux,
    La veuve.

Voici venir son prétendu,
Sous le porche de la Roquette.
Appelant le mâle attendu,
La veuve, à lui, s'offre, coquette.

Pendant que la foule, autour d'eux,
Regarde, frissonnante et pâle,
Dans un accouplement hideux,
L'homme crache son dernier râle.

Car ses amants, claquant du bec,
Tués dès la première épreuve,
Ne couchent qu'une fois avec
    La veuve.

Cynique, sous l'œil du badaud,
Comme, en son boudoir, une fille,
La veuve se lave à grande eau,
Se dévêt et se démaquille.
Impassible, au milieu des cris,
Elle retourne dans son bouge.
De ses innombrables maris
Elle porte le deuil en rouge.

Dans sa voiture se hissant,
Gouge horrible, que l'homme abreuve
Elle rentre cuver son sang,
    La veuve.

30 août 1887.

JULES JOUY.

(E. BOURBIER, Éditeur, 11, rue du Croissant, Paris.)

COMPLAINTE DU BON SAINT LABRE

Un jour le bienheureux Labre
Se promenait au soleil ;
Il s'assit dessous un arbre,
Pour se livrer au sommeil.

Vint à passer un pauvre homme,
Tout nu, qui tremblait de froid,
En faisant des gestes comme
Un ministre sans emploi :

« Ah ! pauvre homme, je devine
Pourquoi tu trembles si fort.
Prends, pour couvrir ton échine,
Ma chemise en toil' d'Oxford.

Voilà quinze ans que j'la traîne
Jour et nuit par tous les temps !
Que Dieu sous sa garde prenne
Les puces qui sont dedans ! »

Quand le pauvre eut mis la ch'mise,
Il tremblait toujours autant :
« Maint'nant, faut contre la brise
Garantir ton bienséant.

Ami, voilà ma culotte,
Garde-la comme un trésor :
C'est la premièr' fois que j'l'ôte
Depuis mon tirage au sort. »

Quand il eut couvert son torse,
Le pauvre tremblait encor.
Mais, sous une rude écorce,
Le saint cachait un cœur d'or :

« Tiens, dit-il, dans ces chaussettes
Mets tes pieds avec respect ;
C'est celles des grandes fêtes,
J'ai fait l'tour du monde avec ! »

Quand il eut mis les chaussettes,
Le pauvre tremblait encor :
« Ami, couvre-toi la tête
De ce modeste castor.

Garde-toi de mettre en gage
Ce souvenir précieux,
Car c'est l'unique héritage
Que m'aient laissé mes aïeux ! »

Quand il eut coiffé le feutre,
Le pauvre tremblait encor :
« Ah ! dit l'saint, quoi donc lui *feutre*,
Pour l'arracher à la mort ?

Dis-moi quelle est ta souffrance,
Pourquoi que tu trembl' ainsi ? »
— « C'est que depuis ma naissance
J'ai la danse de Saint-Guy ! »

Mac-Nab.

(Heugel et Cie, Éditeurs, *Au Ménestrel*, 2 *bis*, rue Vivienne. Paris.)

LE GRAND MÉTINGUE
DU MÉTROPOLITAIN

C'était hier, samedi, jour de paye,
Et le soleil se levait sur nos fronts.
J'avais déjà vidé plus d'un' bouteille,
Si bien qu'j'm'avais jamais trouvé si rond.
V'là la bourgeois' qui rappliqu' devant l'zingue :
« Feignant, qu'ell' dit, t'as donc lâché l'turbin ? »
Oui, que j'réponds, car je vais au métingue,
Au grand métingu' du métropolitain !

Les citoyens dans une élan sublime
Étaient venus guidés par la raison.
A la porte, on donnait vingt-cinq centimes
Pour soutenir les grèves de Vierzon.
Bref, à part quat' municipaux qui chlingue
Et trois sergots déguisés en pékins,
J'ai jamais vu de plus chouette métingue
Que le métingue du métropolitain !

Y avait Basly, le mineur indomptable,
Camélinat, l'*orgueille* du pays...
Ils sont grimpés tous deux sur une table,
Pour mettre la question sur le tapis.
Mais, tout à coup, on entend du bastringue ;
C'est un mouchard qui veut fair' le malin !
Il est venu pour troubler le métingue,
Le grand métingu' du métropolitain !

Moi j'tomb' dessus, et pendant qu'il proteste,
D'un grand coup d'poing, j'y renfonc' son chapeau.
Il déguerpit sans demander son reste,
En faisant signe aux quat' municipaux.

A la faveur de c'que j'étais brind'zingue
On m'a conduit jusqu'au poste voisin...
Et c'est comm' ça qu'a fini le métingue,
Le grand métingu' du métropolitain !

Peuple français, la Bastille est détruite,
Et y a z'encor des cachots pour tes fils !...
Souviens-toi des géants de quarante-*huite*
Qu'étaient plus grands qu'ceuss' d'au jour d'aujourd'hui.
Car c'est toujours l'pauvre ouvrrier qui trinque,
Mêm' qu'on le fourre au violon pour un rien...
C'était tout d'même un bien chouette métingue
Que le métingu' du métropolitain !

Mac-Nab.

LE PENDU

Un garçon venait de se pendre,
Dans la forêt de Saint-Germain,
Pour une fillette au cœur tendre,
Dont on lui refusait la main.
Un passant, le cœur plein d'alarmes,
En voyant qu'il soufflait encor,
Dit : « Allons chercher les gendarmes,
Peut-être bien qu'il n'est pas mort ! »

Le brigadier, sans perdre haleine,
Enfourcha son grand cheval blanc.
Arrivé chez le capitaine,
Il conta la chose en tremblant :
« Un jeune homme vient de se pendre,
A son âge, quel triste sort !
Faut-il qu'on aille le dépendre !
Peut-être bien qu'il n'est pas mort ! »

L'officier, frisant sa moustache,
Se redresse et répond soudain :
« Vraiment, c'est une noble tâche
Que de soulager son prochain ;
Cependant, je n'y puis rien faire,
Ce n'est pas de notre ressort.
Courez donc chez le commissaire,
Le pendu vit peut-être encor ! »

Le commissaire sur la place
Descendit, c'était son devoir.
D'un coup d'œil embrassant l'espace,
Il cria de tout son pouvoir :
« Un jeune homme vient de se pendre.
Villageois, debout, courez fort,
Emportons de quoi le dépendre,
Peut-être bien qu'il n'est pas mort ! »

Vers le bois on arrive en troupe,
On s'arrête en soufflant un peu,
On saisit la corde, on la coupe.
Le cadavre était déjà bleu !
Sur l'herbe foulée on le couche.
Un vieux s'approche et dit : « D'abord
Soufflez-lui de l'air dans la bouche,
C'est pas possible qu'il soit mort ! »

Les amis pensaient : « Est-ce drôle
De se faire périr ainsi ! »
La fillette, comme une folle,
Criait : « Je veux mourir aussi ! »
Mais les parents, miséricorde,
Disaient en guise d'oraison :
« Partageons-nous toujours la corde,
C'est du bonheur pour la maison ! »

MAC-NAB.

(HEUGEL et Cie, Éditeurs, *Au Ménestrel*, 2 bis, rue Vivienne, Paris.)

LE TOUR DE FRANCE

Compagnons du tour de France,
Tout gaillards, tout réjouis,
Nous allons, pleins d'espérance,
Par de beaux et doux pays.
La jeunesse triomphante
Met des ailes à nos talons ;
    Qu'il pleuve ou qu'il vente,
    Libres, nous allons !

Par les blés, les vignes vertes,
Par les prés vêtus de fleurs,
En faisant des découvertes
On s'en va toujours ailleurs.
D'un vallon qui nous attire
Nous grimpons sur le haut des monts.
    Ah ! comme on respire
    L'air à pleins poumons !

On n'est pas toujours en route,
Et l'on rêve quelquefois ;
Si l'on veut casser sa croûte,
L'ombre est douce au coin d'un bois ;
Ou, songeant au bord de l'onde
Qui murmure dans les roseaux
    L'âme vagabonde
    Suit le fil des eaux.

Mais adieu le paysage !
C'est la ville aux mille toits.
Les métiers font leur tapage :
On dérouillera ses doigts !
On va voir les camarades
On leur donne un bon coup de main ;
    Puis, après rasades,
    Hop, sur le chemin !

Dans les champs on va par groupes ;
Tiens ! j'en vois flâner là-bas.
Mais le soir, flairant la soupe,
Tous allongent leur compas.
Lestement fendons l'espace !
Mes garçons nous rirons après,
    En louant la grâce
    D'un joli vin frais !

Maurice Bouchor.

(Extrait des *Chansons de marche*, Hachette et Cie, Éditeurs, Paris.)

A BATIGNOLLES

Sa maman s'appelait Flora,
A connaissait pas son papa,
Tout' jeune on la mit à l'école,
    A Batignolles.

A poussa comme un champignon,
Malgré qu'alle ait r'çu pus d'un gnon,
L'soir, en faisant la cabriole,
    A Batignolles.

Alle avait des magnièr's très bien,
Alle était coiffée à la chien,
A chantait comme eun' petit' folle,
    A Batignolles.

Quand a s'balladait, sous l'ciel bleu,
Avec ses ch'veux couleur de feu,
On croyait voir une auréole
    A Batignolles.

Alle avait encor' tout's ses dents,
Son p'tit nez, ousqui' pleuvait d'dans,
Était rond comme eun' croquignolle,
  A Batignolles.

A buvait pas trop, mais assez,
Et quand a vous soufflait dans l'nez
On croyait r'nifler du pétrole,
  A Batignolles.

Ses appas étaient pas ben gros,
Mais je m'disais : Quand on est dos,
On peut nager avec eun' sole,
  A Batignolles.

A gagnait pas beaucoup d'argent,
Mais j'étais pas ben exigeant !...
On vend d'l'amour pour eune obole
  A Batignolles.

Je l'ai aimée autant qu' j'ai pu,
Mais j'ai pas pu lorsque j'ai su
Qu'a m'trompait, avec Anatole,
  A Batignolles.

Ça d'vait arriver, tôt ou tard,
Car Anatol' c'est un mouchard...
La marmite aim' ben la cass'role,
  A Batignolles.

Alors a m'a donné congé,
Mais le bon Dieu m'a ben vengé :
A vient d'mourir de la variole,
  A Batignolles.

La moral' de c'tte oraison-là,
C'est qu'les p'tit's fill's qu'a pas de papa,
Doiv'nt jamais aller à l'école,
  A Batignolles.

                              ARISTIDE BRUANT.

LE PEUPLE

Si vous voulez bien m'écouter,
Mes bons amis, j'vais vous chanter
    Le Peuple,
Le Peuple dont nous sommes tous :
Grands et petits, car, voyez-vous,
    Le Peuple,
C'est la grand' famille aujourd'hui,
Tout le monde s'adresse à lui ;
    Le Peuple
Est devenu fort et puissant,
Et j'me fais gloir' d'être un enfant
    Du Peuple.

Le Peuple est tout et ce n'est rien,
C'est le mond', c'est un citoyen,
    Le Peuple,
C'est vous, c'est nous, c'est lui, c'est toi,
C'est un vagabond, c'est un roi,
    Le Peuple,
C'est un nouveau-né qui vagit,
C'est un vieux tigre qui rugit,
    Le Peuple,
C'est un Océan indompté,
Qui gronde, dans l'immensité,
    Le Peuple.

Dans l'industrie et dans les arts
Il s'est taillé de larges parts,
    Le Peuple !
Combien d'artistes, des plus grands,
Sont fiers d'être sortis des rangs
    Du Peuple !
Papin, Jacquart et Vaucanson
Fur'nt élevés dans le giron
    Du Peuple !

Aussi qui revendiqu' l'honneur
D'avoir découvert la vapeur ?
  Le Peuple.

En fait d'écrivains, d'orateurs,
De savants, de littérateurs,
  Le Peuple
A fourni son p'tit contingent.
Ah ! c'est qu'il est intelligent,
  Le Peuple !
Beaucoup prétend'nt qu'il est méchant,
Moi, j'soutiens qu'il est bon enfant,
  Le Peuple !
S'il se bat pour la Liberté...
Il prêche la Fraternité,
  Le Peuple !

La Bastille, ce vieux rempart
Des rois, fut enfin rasé par
  Le Peuple.
Hardi, brave comme un lion,
En pleine révolution,
  Le Peuple
Marchait sans peur à l'ennemi !
Ils en étaient ceux de Valmy,
  Du Peuple,
Les Kléber, les Hoch', les Marceau,
  Du Peuple.

Enfin, on n'en finirait pas
S'il fallait compter les soldats
  Du Peuple :
Héros, va-nu-pieds des combats,
Artist's, crèv'-la-faim, tous soldats
  Du Peuple,
Soldats du burin, du fusil,
De la pensée ou de l'outil...
  Le Peuple !....
Le Peuple en a semé partout.
Français ! il est toujours debout,
  Le Peuple !

ARISTIDE BRUANT.

FÊTE DES MORTS OU LE COFFRET

Au fond d'un vieux coffret empli
De dépouilles de toutes sortes,
J'ai saintement enseveli
Les restes de mes amours mortes,
Et par an, je consacre un jour,
Selon les rites de l'Église,
A solenniser à ma guise
La « Fête des Morts » de l'amour.

Et solitaire en mon logis
Devant mon vieux coffret que j'ouvre,
Tombeau des amoureux débris,
Pieusement je me découvre ;
Puis de mes pleurs prompts à jaillir,
Dévotieusement j'arrose
L'étroite fosse où je dépose
Les pâles fleurs du souvenir.

Hier, j'ai rempli ce doux devoir
Et j'ai vu dans leur sépulture,
Le plus vieux blanc, le moins vieux noir,
Deux gants de petite pointure ;
Et tristement j'ai revécu
En quelques trop brèves minutes
Tout un temps d'amoureuses luttes
Où l'amour est tombé vaincu.

Et le gant blanc m'a rappelé
L'aube blanche de la journée
Où les sens pris, le cœur troublé,
La plus chère à moi s'est donnée.
Et, chose étrange, il m'a semblé
Que la main de cette maîtresse
Frôlait, frôlait d'une caresse
Mon visage de pleurs voilé.

Et le gant noir m'a rappelé
La nuit où prenant sa volée,
Les sens brisés, le cœur brûlé,
La plus chère s'en est allée.
Et, chose étrange, il m'a semblé
Que la main de cette maîtresse,
Comme en des griffes de tigresse,
Broyait mon cœur inconsolé.

Et j'ai fermé mon vieux coffret
Plein des reliques des absentes,
Songeant que tout est fait, défait
Par d'autres mains toutes-puissantes,
Les mains pesantes des destins,
Tantôt douces, tantôt cruelles,
Qui tirent, cassent les ficelles
Dont les hommes sont les pantins.

Xavier Privas

(F. Laurens, Éditeur de musique, 190, rue St-Honoré, Paris.)

CHANSON DU FIL

Filandière aux doigts agiles,
Quand de tes fuseaux habiles
Coule du soir au matin
Fil de chanvre ou fil de lin,
Une douce mélopée
De tes lèvres échappée
Sur un mode puéril
Chante le destin du fil,
Et je trouve en ta berceuse
Matière à sage leçon,
Redis-moi donc, ô fileuse,
  Ta chanson !

Fil blanc et fil rouge,
Fil rouge et fil noir,
Temple, palais, bouge
Vont vous recevoir.
Vous serez symboles
D'asservissement
Aux vaines idoles
D'un vital moment.
De l'énamourée
Que tu vêtiras
D'amour la livrée,
Fil blanc, tu seras.
Pour les dignitaires
Aux manteaux pourprés,
Pour les mercenaires
Et les décorés,
O fil que je crée,
Tu seras demain
La rouge livrée
De l'orgueil humain.
Fil de couleur noire
Dont se couvriront
Par sainte mémoire
Ceux qui pleureront
Leur douleur sacrée,
Devant un cercueil
Tu seras livrée
    De deuil.

                          XAVIER PRIVAS.

(F. LAURENS, Éditeur de musique, 190, rue St-Honoré, Paris.)

LA PAIMPOLAISE

Chanson des pêcheurs d'Islande.

Quittant ses genêts et sa lande,
Quand le Breton se fait marin,
En allant aux pêches d'Islande
Voici quel est le doux refrain
      Que le pauvre gas
      Fredonne tout bas :
« J'aime Paimpol et sa falaise,
« Son vieux clocher, son grand Pardon ;
« J'aime surtout la Paimpolaise
« Qui m'attend au pays breton ! »

Quand leurs bateaux quittent nos rives
Le curé leur dit : « Mes bons fieux,
« Priez souvent Monsieur Saint Yves
« Qui nous voit, des cieux toujours bleus. »
      Et le pauvre gas
      Fredonne tout bas :
« Le ciel est moins bleu, n'en déplaise
« A saint Yvon, notre Patron,
« Que les yeux de la Paimpolaise
« Qui m'attend au pays breton ! »

Guidé par la petite Etoile,
Le vieux patron, d'un air très fin,
Dit souvent que sa blanche voile
Semble l'aile d'un Séraphin...
      Et le pauvre gas
      Fredonne tout bas :
« Ta voilure, mon vieux Jean-Blaise,
« Est moins blanche, au mât d'artimon,
« Que la coiffe à la Paimpolaise
« Qui m'attend au pays breton. »

Le brave Islandais, sans murmure,
Jette la ligne et le harpon :
Puis dans un relent de saumure,
Il se couche dans l'entrepont...
      Et le pauvre gas
      Soupire tout bas :
« Je serions ben mieux à mon aise,
« Devant un joli feu d'ajonc,
« A côté de la Paimpolaise
« Qui m'attend au pays breton ! »

Mais, souvent, l'Océan qu'il dompte
Se réveille, lâche et cruel ;
Et, lorsque le soir on se compte,
Bien des noms manquent à l'appel...
      Et le pauvre gas
      Fredonne tout bas :
« Pour combattre la flotte anglaise
« Comme il faut plus d'un moussaillon,
« J'en caus'rons à ma Paimpolaise,
« En rentrant au pays breton ! »

Puis, quand la Vague le désigne,
L'appelant de sa grosse voix,
Le brave Islandais se résigne
En faisant un signe de croix...
      Et le pauvre gas,
      Quand vient le trépas,
Serrant la médaille qu'il baise,
Glisse dans l'Océan sans fond
En songeant à la Paimpolaise
Qui l'attend au pays breton !...

                              Théodore Botrel.

STANCES A MANON

Manon, voici le soleil,
C'est le Printemps, c'est l'Éveil,
C'est l'Amour, maître des choses...
C'est le nid dans le buisson ;
Viens éprouver le frisson
Du bleu, de l'or et des roses.

Laisse-moi dans tes grands yeux,
Goûter l'infini des cieux
Et l'ivresse de ton âme...
Laisse-moi dans tes bras blancs,
Bercer mes rêves troublants
Et mon désir qui se pâme.

Verse, verse tes baisers
A mes sens inapaisés,
Jusqu'à la dernière goutte...
J'aime ton cœur inhumain,
Tu me trahiras demain,
Mais ce soir, je t'aurai toute !

Qu'importent les trahisons
Des lèvres que nous baisons
Si les lèvres sont jolies !...
Oublions les vains discours,
Aimons-nous, les jours sont courts
Et c'est l'heure des folies.

Maurice Boukay.

(Musique de Paul Delmet, H. Gregh, Éditeur, 129, rue Montmartre, Paris.)

LA CHANSON DU LABOUREUR

Ohé ! mes bœufs, toujours, encore !
Ohé ! Grivel ! Ohé ! Goubeau !
Il fait clair et le temps est beau ;
L'alouette éveille l'aurore.
Ohé, mes bœufs, tirez ! tirez !
Tirez le soc et labourez !

Fouillez la plaine tout entière !
Éventrez-la jusqu'au nombril !
Vous boirez l'eau de mon baril,
Vous aurez mon foin pour litière.
Ohé, mes bœufs, tirez ! tirez !
Tirez le soc et labourez !

Le soleil est père du monde,
Importe peu s'il cuit nos reins !
C'est lui qui fait germer les grains,
C'est ma sueur qui les féconde.
Ohé, mes bœufs, tirez ! tirez !
Tirez le soc et labourez !

Le grain sera de la farine,
La farine du sang nouveau,
Qui coulera dans mon cerveau
Et dans le cœur de Catherine.
Ohé, mes bœufs, tirez ! tirez !
Tirez le soc et labourez !

Que deviendra le sang de France ?
Il deviendra trois forts lurons,
Trois filles que nous marierons :
L'Amour, la Force et l'Espérance !
Ohé, mes bœufs, tirez ! tirez !
Tirez le soc et labourez !

LA CHANSON FRANÇAISE

> Là-bas, au bout du territoire,
> Le Coq a chassé le Corbeau...
> Ohé ! Givel. Ohé ! Goubeau !
> Pour la moisson ! Pour la victoire !
> Ohé, mes bœufs, tirez ! tirez !
> Tirez le soc et labourez !
>
> Maurice Boukay.

(Georges Ondet, Éditeur, 83, faubourg St-Denis Paris.)

APPENDICE MUSICAL

L'AMOUR DE MOI
(P. 13.)

Air du XVe siècle.

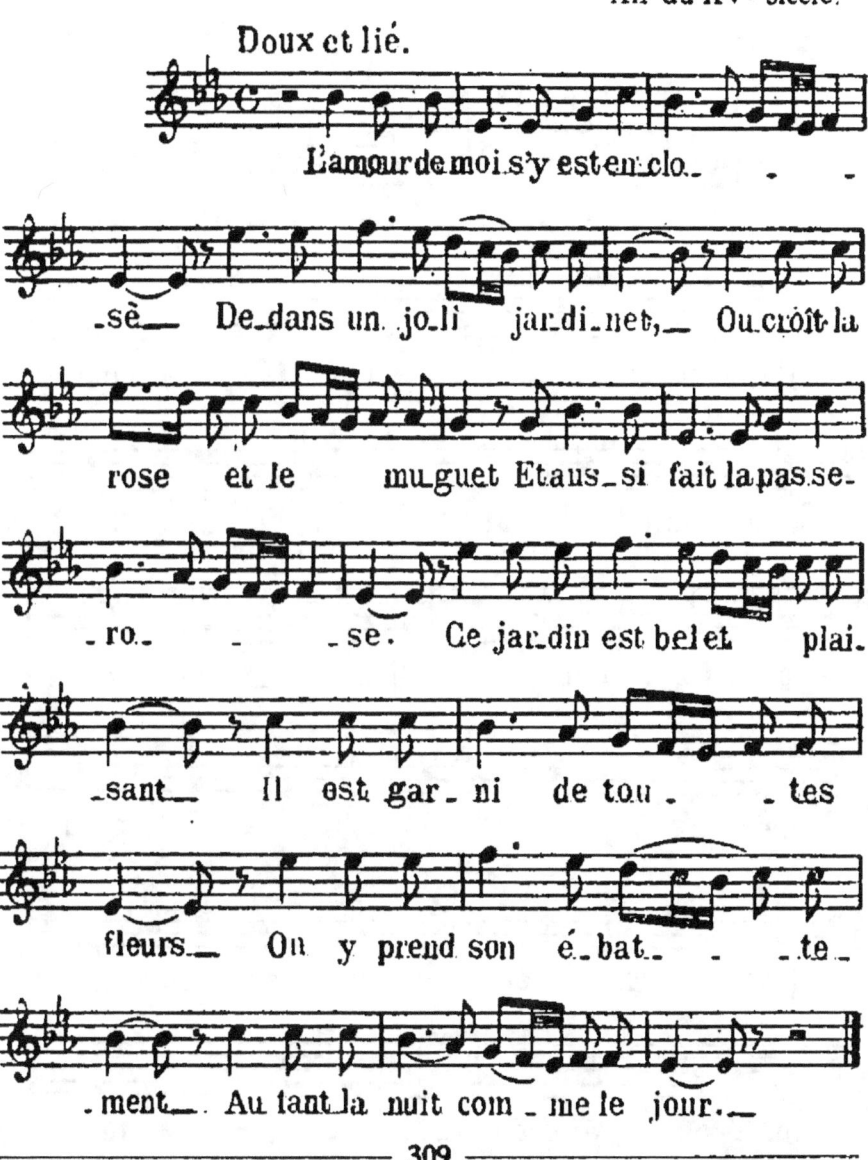

EN BAISANT M'AMIE

(P. 40.)

Air du XVᵉ siècle.

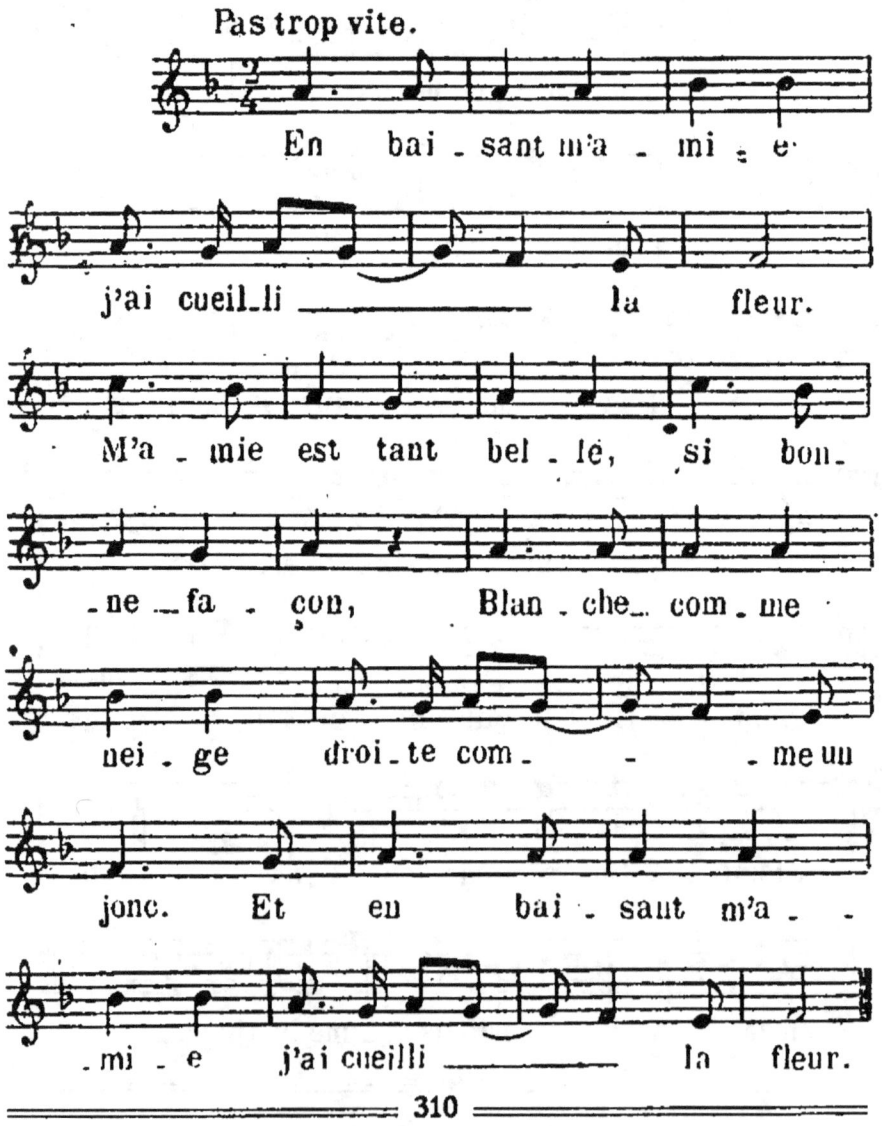

Pas trop vite.

En bai-sant m'a-mi-e j'ai cueil-li _____ la fleur. M'a-mie est tant bel-le, si bon-ne fa-çon, Blan-che com-me nei-ge droi-te com _____ me un jonc. Et en bai-sant m'a-mi-e j'ai cueilli _____ la fleur.

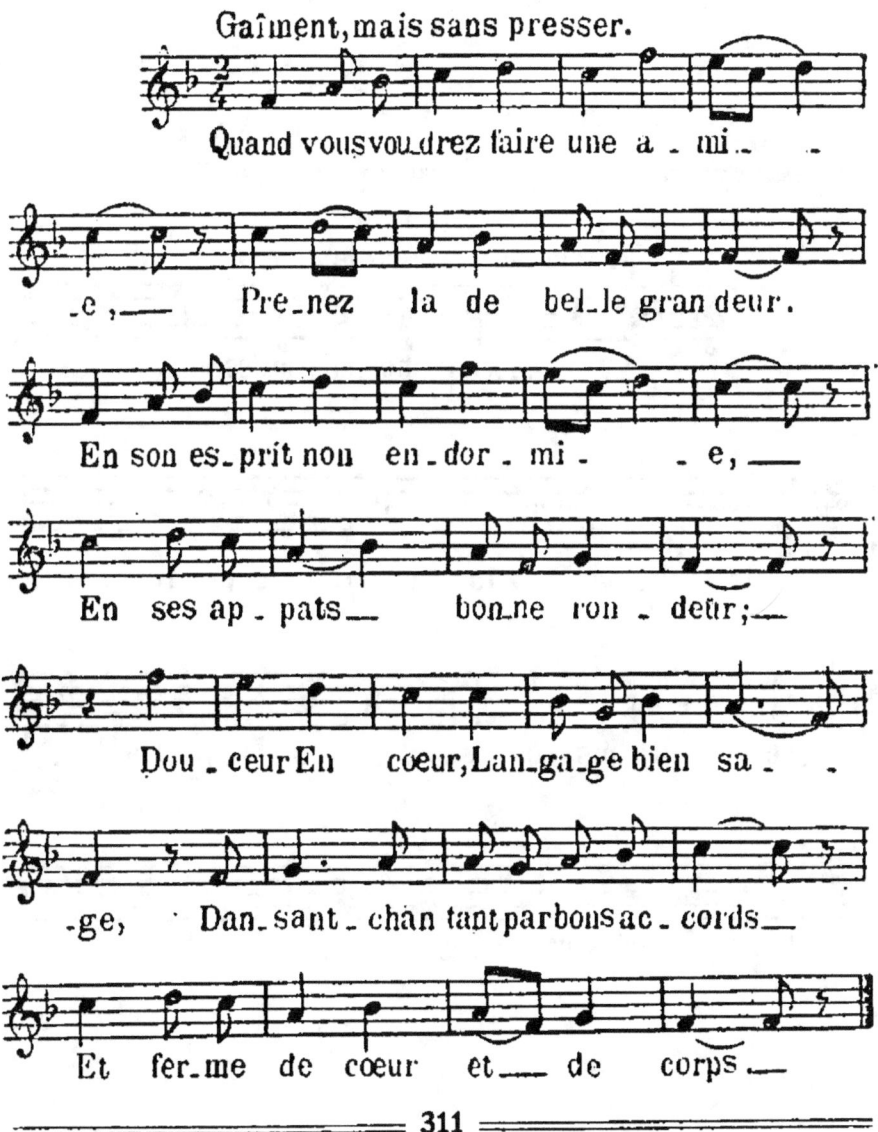

AVRIL

(P. 77.)

Paroles
de RÉMY BELLEAU.

Air donné
par un recueil du XVIIIe siècle.

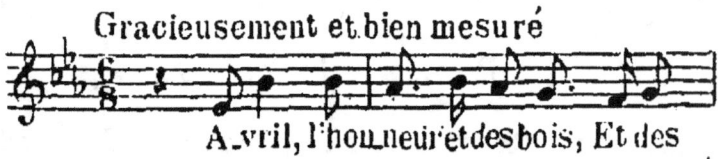

Gracieusement et bien mesuré

Avril, l'honneur et des bois, Et des

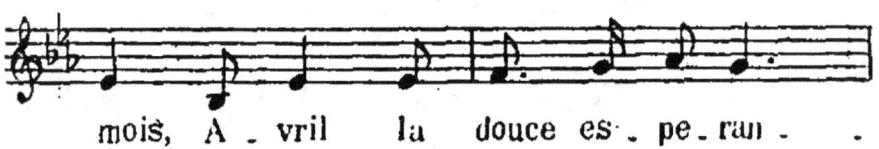

mois, Avril la douce espéran-

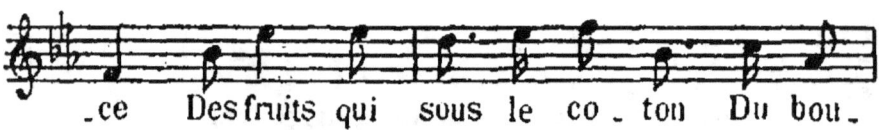

-ce Des fruits qui sous le coton Du bou-

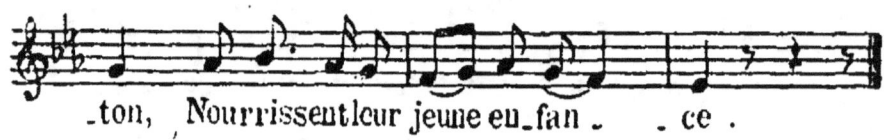

-ton, Nourrissent leur jeune enfan- -ce.

APPENDICE MUSICAL

MIGNONNE, ALLONS VOIR SI LA ROSE
(P. 79.)

Paroles de Ronsard.   Air du XVIe siècle.

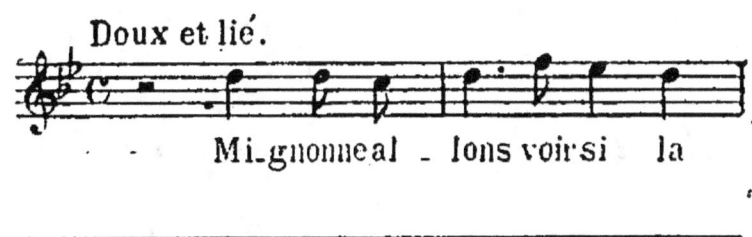
Doux et lié.
Mi-gnonne al - lons voir si la

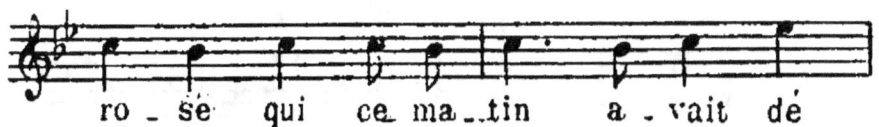
ro - se qui ce ma - tin a - vait dé

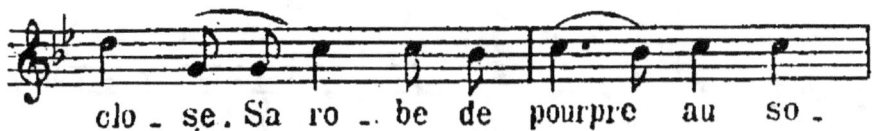
clo - se. Sa ro - be de pourpre au so -

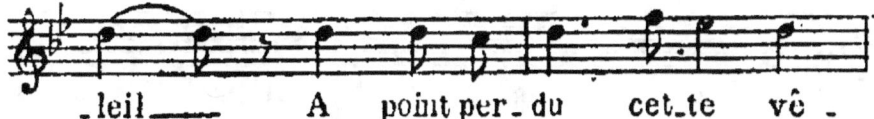
- leil A point per - du cet - te vê -

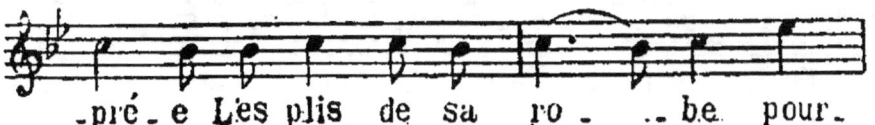
- pré - e Les plis de sa ro - - be pour -

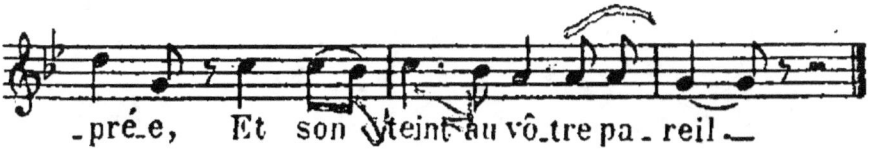
- pré - e, Et son teint au vô - tre pa - reil —

CETTE ANNE SI BELLE...

(P. 96.)

Paroles de MALHERBE.   Musique de GUÉDRON (1615).

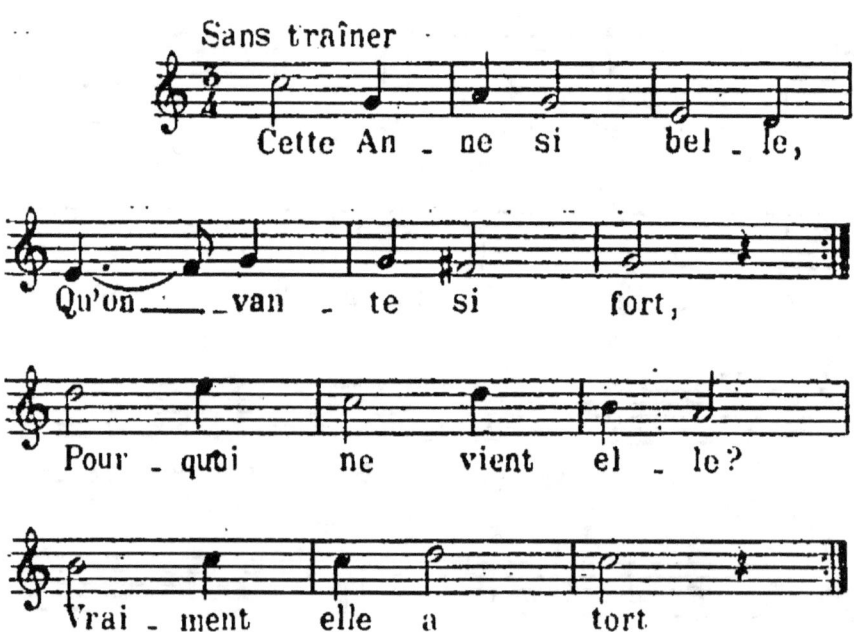

APPENDICE MUSICAL

PETITE ABEILLE MÉNAGÈRE
(P. 124.)

Air du XVIIe siècle.

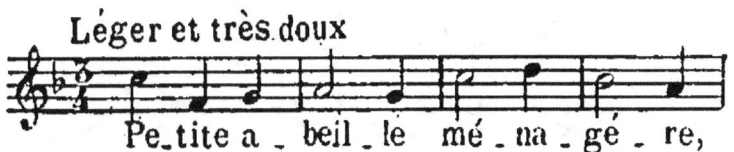
Petite abeille ménagère,

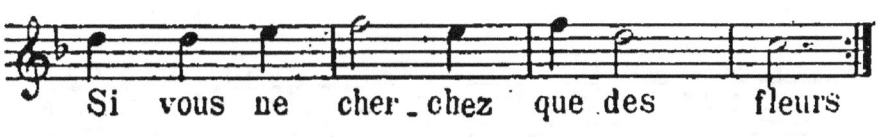
Si vous ne cherchez que des fleurs

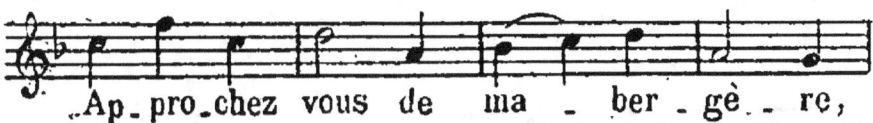
Approchez vous de ma bergère,

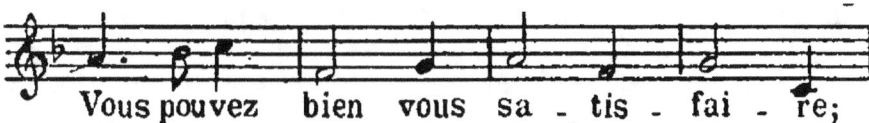
Vous pouvez bien vous satisfaire;

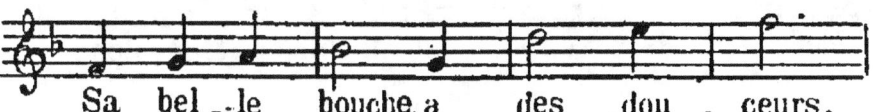
Sa belle bouche a des douceurs,

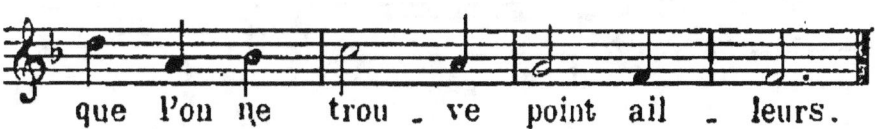
que l'on ne trouve point ailleurs.

SUR LE BORD DE LA SEINE
(P. 126.)

Air du XVIIᵉ siècle.

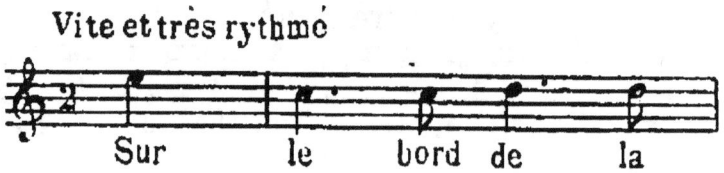

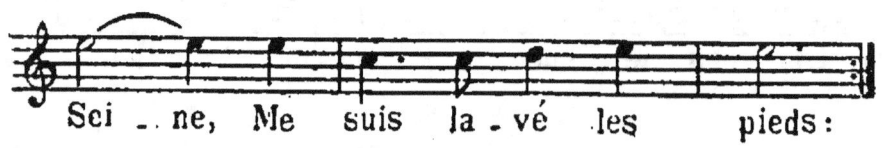

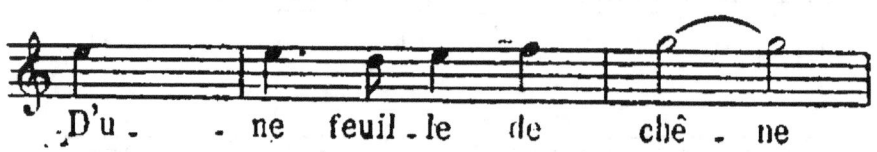

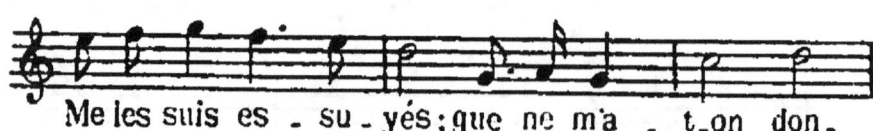

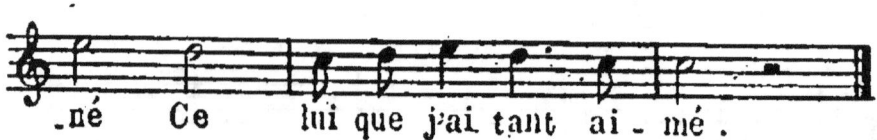

APPENDICE MUSICAL

ROMANCE D'ALEXIS

(P. 173.)

Musique de J.-J. Rousseau.

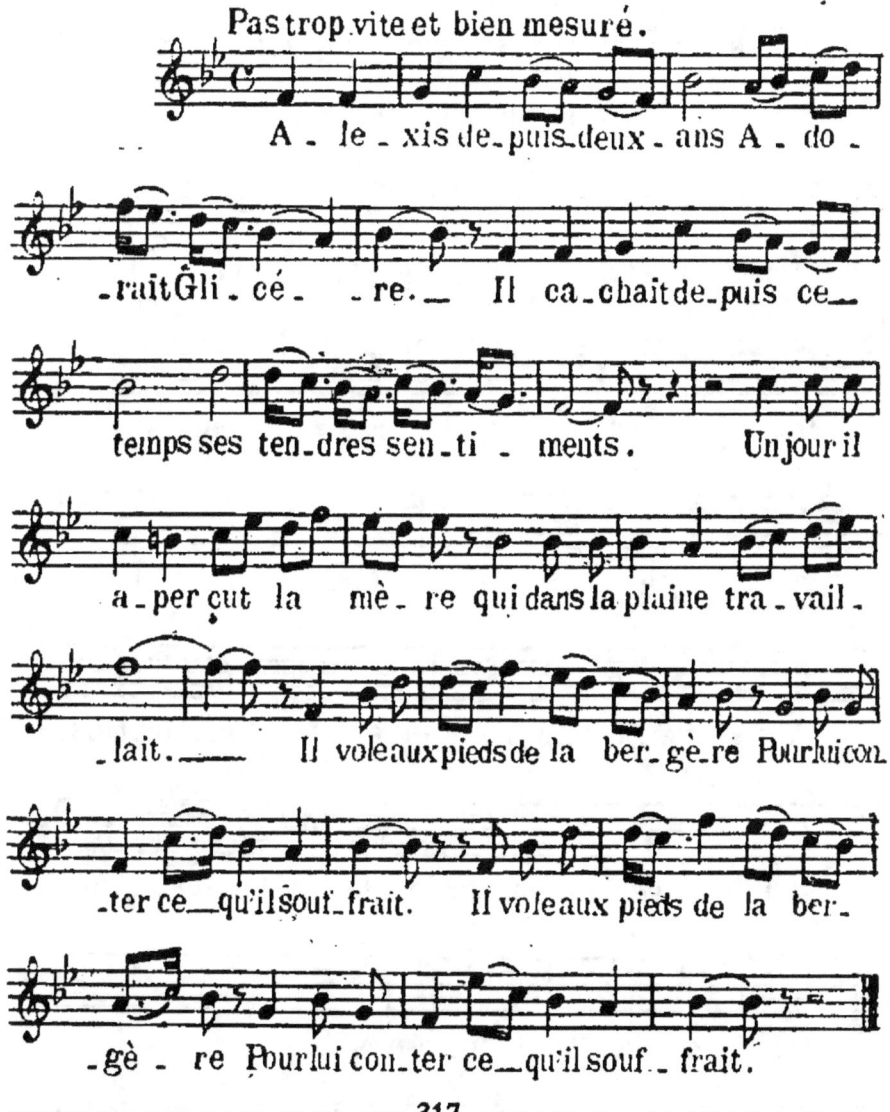

LA CHANSON FRANÇAISE

HYMNE A L'ÊTRE SUPRÊME
(P. 184.)

Paroles de Desorgues.   Musique de Gossec (1794).

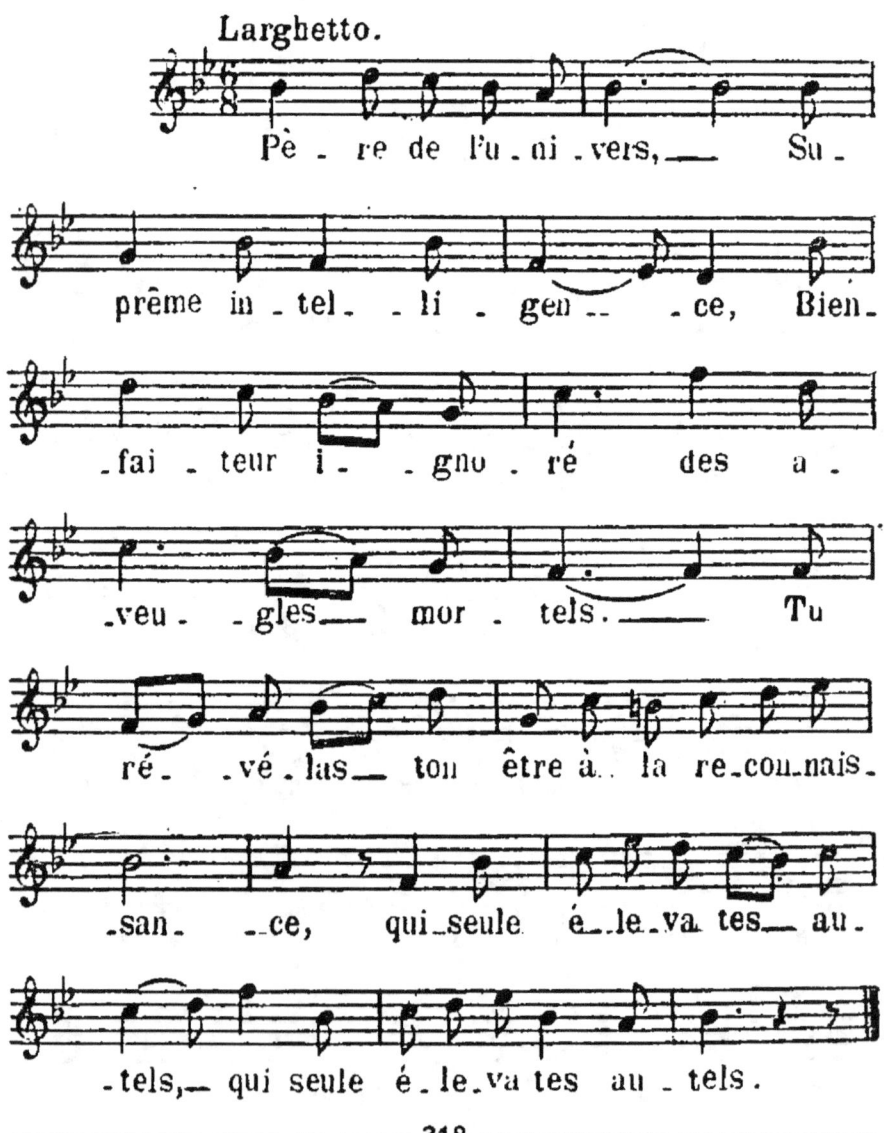

Pè - re de l'u - ni - vers, Su - prême in - tel - li - gen - ce, Bien - fai - teur i - gno - ré des a - veu - gles mor - tels. Tu ré - vé - las ton être à la re - con - nais - san - ce, qui seule é - le - va tes au - tels, qui seule é - le - va tes au - tels.

APPENDICE MUSICAL

LE CHANT DES OUVRIERS
(P. 245.)

Paroles et musique de PIERRE DUPONT.

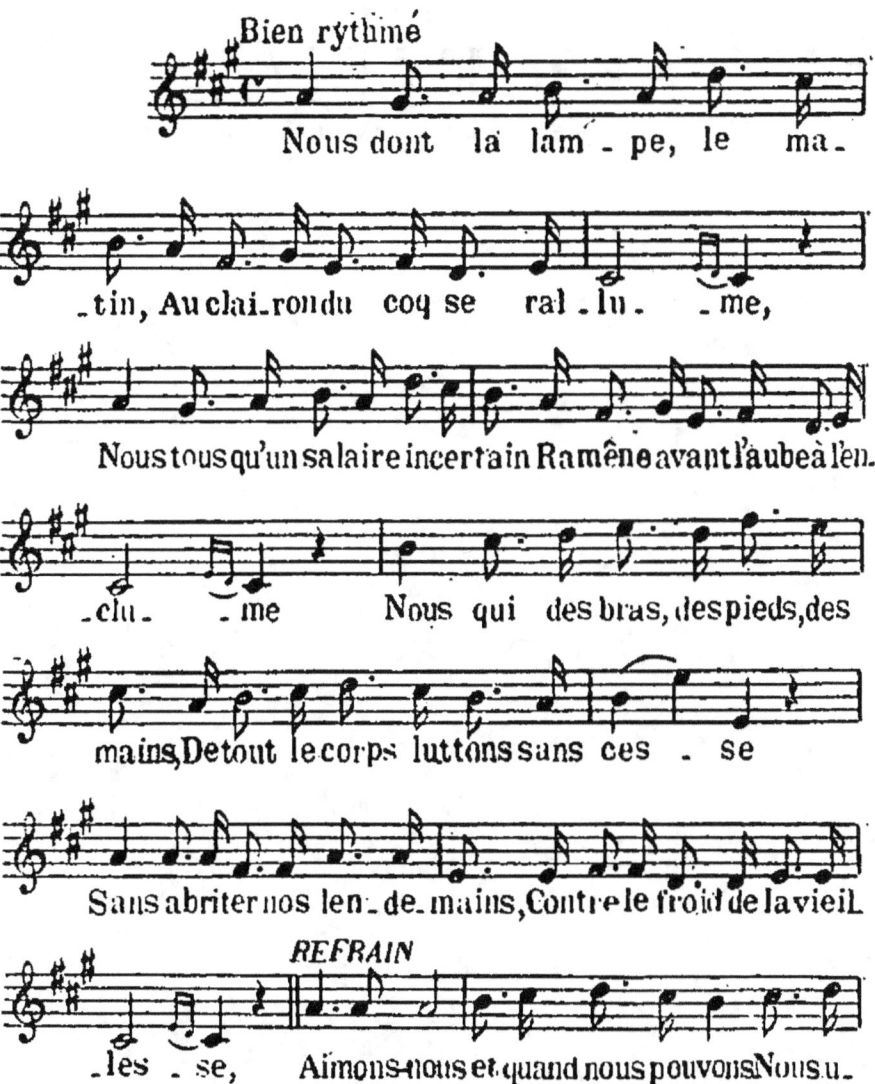

LA CHANSON FRANÇAISE

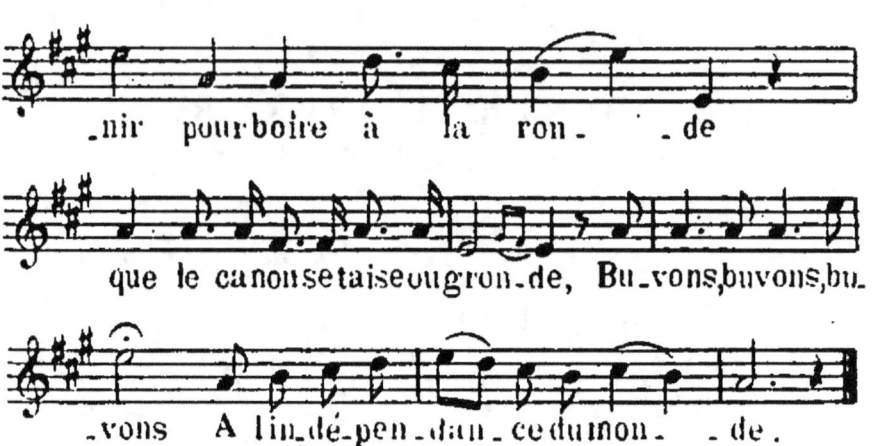

TABLE

Préface. 7

XVe SIÈCLE

Notice. 11
L'amour de moi s'y est enclose. 13
Je m'y levai par un matin. 14
Tant l'ai cherchée. 16
Gentils galants de France. 17
Gentil duc de Lorraine. 18
Réveillez-vous, Picards et Bourguignons. 18
Vrai Dieu, qui m'y confortera. 19
Laissez jouer jeunes gens. 20
Mon mari m'a diffamée. 21
Que faire si Amour me laisse. 22
Chacun maudit ces jalleux. 23
Chanson sur Jeanne d'Arc. 24
Chantons, je vous en prie. 25
Dieu gard' celle de déshonneur. 26
Fleur de gaîté, donnez-moi joie. 27
Hélas! que je suis désolée. 28
Hélas! qu'elle est à mon gré. 29
Il fait bon fermer son huis. 30
Je me repens de vous avoir aimée. 31
Je me suis aventuré. 32
Je vous veux dire ma pensée. 33
Maudits soient tous ces envieux. 34
Il fait bon voir ces hommes d'armes. 35
On a dit mal de mon ami. 36

Souvent m'ébats et mon cœur est marri. 37
Trop penser me font amours. 38
Voici la douce nuit de mai. 39
En baisant m'amie. 40

XVIe SIECLE

Notice. 41

Chanson sur la bataille de Marignan. 43
Chant de victoire sur les mariniers de Dieppe. 46
Chanson du jour de Noël (Clément Marot). 47
Plus ne suis ce que j'ai été (Clément Marot). 47
Quand vous voudrez faire une amie (Clément Marot). 48
Tant que vivrai (Clément Marot). 49
Pour l'amour de Marie. 50
Chanson du franc archer. 52
Chanson sur la mort du duc de Guise. 55
Gaudinette. 57
Tous les bourgeois de Châtre. 60
Ne veux-tu pas bien, mignonne (Claude de Pontoux). 63
O, que je suis courroucée (Claude de Pontoux). 65
Léentin, veux-tu savoir comme... (Claude de Pontoux) 69
Adieu, plaisant pays de France (Marie Stuart). 72
Chanson nouvelle d'un bon soldat, vrai et naturel Français. . . 73
Chanson pour Gabrielle d'Estrées (attribuée à Henri IV). . . . 75
Avril (Rémy Belleau). 77
Mignonne, allons voir si la rose (Ronsard). 79
Demandes-tu, douce ennemie (Ronsard). 80
Quand ce beau printemps je vois (Ronsard). 81
Ma belle, si ton âme (Gilles Durant). 85
O bienheureux qui peut passer sa vie (Desportes). 86
Je me levai par un matin. 88

XVIIe SIÈCLE

Notice. 89

Il était une fillette. 91
As-tu point vu rouge-nez. 92
Quand j'étais chez mon père. 93
Sus, debout, la merveille des belles! (Malherbe). 94
Chanson chantée au ballet du Triomphe de Pallas (Malherbe) . . 96

TABLE

Air à boire	97
Les Savetiers	99
Chanson pour Ninon (Blot)	101
Les trois présents (Sarasin)	101
Je suis né pour le plaisir (Haguenier)	102
Si l'amour est un doux servage (Marigny)	103
Chanson à manger (Scarron)	104
Enfin la charmante Lisette (Quinault)	105
Beau sexe, où tant de grâce abonde... (Bussy-Rabutin)	105
Chanson pour Mme d'Hervart (La Fontaine)	106
Le Goutteux (Coulange)	107
Chanson sur les modes (Coulange)	108
La Fable, entre mille plaisirs (Lainez)	110
En vain, je bois (La Fare)	110
La Jalousie (Chaulieu)	111
Pour Mlle L. (Regnard)	111
Pour Mlles Loyson (Regnard)	112
Quatre beaux yeux (Fontenelle)	113
Réveillez-vous, belle dormeuse (Dufresny)	114
Par un matin s'est levée	114
Ah! mon beau laboureur	116
Mon père m'y a mariée	118
Au jardin de mon père	119
Margoton va à l'eau	120
C'est la bergère Nannette	121
Mon père me veut marier	122
Petite abeille ménagère	124
Vous avez beau vous défendre	125
Sur le bord de la Seine	126
Ma fille, veux-tu un bouquet	128
Mon père est allé aux champs	129
Ce sont les navetières de Saint-Germain des Prés	130
Me suis levée par un matin	131
Quand Colin revint du bois	132
Robinet fit la lessive	133
Qui prend trop vite femme	134
Le Juif errant	136

XVIIIe SIÈCLE

NOTICE	141
Baise-moi donc (Autreau)	143

LA CHANSON FRANÇAISE

L'excès de la délicatesse (Le Sage)	143
Par un baiser ravi (J.-B. Rousseau)	143
Ah! vous dirai-je, maman	144
Ce petit air badin (Piron)	145
Le Miroir (Piron)	146
Au sujet des sorties faites par J.-J. Rousseau contre nos poètes et nos musiciens (Piron)	147
Le joli jour de Saint-Michel (Piron)	148
Chansonniers mes confrères (Collé)	150
Un homme aimable (Collé)	152
Je vais vous croquer le tableau (Collé)	153
Toutes les mères (Favart)	155
Dans l'univers (Favart)	157
Bien penser (Vadé)	158
On se marie (Gallet)	159
Elle m'aima, cette belle Aspasie (Moncrif)	162
Qui, par fortune... (Moncrif)	163
Dans ma jeunesse (Pannard)	164
L'intérêt qui nous domine (Pannard)	166
Auprès d'un vieil époux (Pannard)	167
Veux-tu toujours être cruelle (Pannard)	168
J'aime beaucoup mon cabinet (Lattaignant)	169
Non, la fidélité... (Lattaignant)	170
Tendre fruit des pleurs de l'Aurore (Gentil-Bernard)	171
Souvent un air de vérité (Voltaire)	172
Air à boire (Le Brun)	172
Romance d'Alexis	173
Plaisir d'amour (Florian)	174
Romance de Clémence Isaure (Florian)	175
Vive Henri IV	177
Combien j'ai douce souvenance (Chateaubriand)	178
Il pleut, bergère (Fabre d'Églantine)	179
La Marseillaise (Rouget de l'Isle)	181
Veillons au salut de l'Empire (Ad.-S. Boy)	183
Hymne à l'Être suprême (Desorgues)	184
Le Chant du départ (Marie-Joseph Chénier)	185

XIXᵉ SIÈCLE

Notice	187
Chanson de table (De Piis)	189
A quoi bon grossir la liste (Antignac)	193

Bibi ou ma carrière bachique (Armand Gouffé)	195
Te souviens-tu (Debraux)	197
Fanfan la Tulipe (Debraux)	199
La Promenade sentimentale (Désaugiers)	202
La Treille de sincérité (Désaugiers)	205
Le Dieu des bonnes gens (Béranger)	207
Les Enfants de la France (Béranger)	209
Frétillon (Béranger)	211
Le Grenier (Béranger)	213
Les Gueux (Béranger)	215
Les Hirondelles (Béranger)	217
Les Infidélités de Lisette (Béranger)	219
Jacques (Béranger)	221
L'Orage (Béranger)	223
Le Petit Homme gris (Béranger)	225
Le Roi d'Yvetot (Béranger)	226
La Sainte-Alliance des peuples (Béranger)	228
Le Sénateur (Béranger)	230
Le Ventru aux élections de 1819 (Béranger)	232
Le Vieux Sergent (Béranger)	234
Le Vieux Vagabond (Béranger)	236
La Parisienne (Casimir Delavigne)	238
Le Rhin allemand (Alfred de Musset)	240
Le Lavoir (Pierre Dupont)	241
Le Chien de berger (Pierre Dupont)	242
Les Bœufs (Pierre Dupont)	244
Le Chant des ouvriers (Pierre Dupont)	245
Le Chant des nations (Pierre Dupont)	247
Le Chant du vote (Pierre Dupont)	249
Surgite mortui (Hégésippe Moreau)	251
Ballade de Jésus-Christ	254
Bonjour, Madame du céans	255
C'est d'une jeune fille	256
C'est la vieille Mathurine	257
Chanson de la gerbe	258
La belle est au jardin d'amour	259
Le Confesseur	260
Nous n'irons plus au bois	261
Ventrebleu, Marion	263
Mon mari est bien malade	265
Où sont les rosiers blancs	266
La Pernette	267

LA CHANSON FRANÇAISE

Quand Renaud de la guerre vint.................. 269
Rossignol, beau rossignol....................... 270
Saint Nicolas................................... 272
Les Deux Notaires (Gustave Nadaud).............. 274
Pandore ou les deux gendarmes (Gustave Nadaud).. 276
Chauvin (Paul Avenel)........................... 278
Mme Augustine ou la mouche politique (Paul Avenel)..... 280
Ma mie (Paul Avenel)............................ 282
La Canaille (Alexis Bouvier).................... 284
Le Clairon (Paul Déroulède)..................... 286
Le temps des Cerises. (J.-B. Clément)........... 288
La « Veuve » (Jules Jouy)....................... 289
Complainte du bon saint Labre (Mac-Nab)......... 291
Le Grand Métingue du métropolitain (Mac-Nab).... 293
Le Pendu (Mac-Nab).............................. 294
Le Tour de France (Maurice Bouchor)............. 296
A Batignolles (Aristide Bruant)................. 297
Le Peuple (Aristide Bruant)..................... 299
Fête des morts ou le Coffret (Xavier Privas).... 301
Chanson du fil (Xavier Privas).................. 302
La Paimpolaise (Théodore Botrel)................ 304
Stances à Manon (Maurice Boukay)................ 306
La Chanson du laboureur (Maurice Boukay)........ 307

APPENDICE MUSICAL

L'amour de moi (air du XVe siècle).............. 309
En baisant m'amie (air du XVe siècle)........... 310
Quand vous voudrez faire une amie (Marot, air du XVIe siècle). 311
Avril (Rémy Belleau, air donné par un recueil du XVIIIe siècle) 312
Mignonne, allons voir si la rose (Ronsard, air du XVIe siècle).. 313
Cette Anne si belle (Malherbe, musique de Guédron)....... 314
Petite abeille ménagère (air du XVIIe siècle)........... 315
Sur le bord de la Seine (air du XVIIe siècle)........... 316
Romance d'Alexis (musique de J.-J. Rousseau)............ 317
Hymne à l'Être suprême (Desorgues, musique de Gossec)... 318
Le Chant des ouvriers (paroles et musique de Pierre Dupont).. 319

CORBEIL. — IMPRIMERIE CRÉTÉ.

www.ingramcontent.com/pod-product-compliance
Lightning Source LLC
Chambersburg PA
CBHW052240220526
45471CB00001B/126